NF文庫
ノンフィクション

雷撃王 村田重治の生涯

真珠湾攻撃の若き雷撃隊隊長の海軍魂

山本悌一朗

潮書房光人社

まえがき

山本五十六の人物評を求められたとき、米内光政はただひとこと、「茶目ですな」といったそうである。

山本五十六というと、私たちは、堂々たる体軀の人を連想しがちであるが、実際の彼は、身長五尺二寸五分（約百五十九センチ）、体重十五、六貫（約五十六〜六十キロ）程度の小柄な男であったという。

村田重治も、身長五尺三寸（約百六十一センチ）、体重十五、六貫の、小柄な男であった。

そして彼もまた、彼を知るもののほとんどが、「茶目ですな」というに違いないほど、茶目な男であった。

村田重治は、海軍航空の世界では、「ぶつ」という名でとおっていた。

「ぶつ」とは仏のことである。その名の示すとおり、村田重治は、春風駘蕩《しゅんぷうたいとう》とした仏様のような風采を持っていた。

「春風や藤吉郎のいるところ」という読み人知らずの句があるが、この句を借りて、「春風や仏《ぶつ》重治のいるところ」と一句ものしてみたいような、そんな男であった。

彼は、威張らなかった。大声を出さなかった。怒らなかった。そして、恐れを知らなかった。

戦いの前の、恐怖とともにある緊張の一瞬も、彼だけは、静かに微笑んで立っていた。そのようなとき、彼はきまって機知にあふれた冗談をとばし、周囲に明るい笑いをまきおこした。

彼はいつも、魚雷を抱いて先頭を飛んだ。部下たちは、重治と一蓮托生のつながりを喜び、一直線となって彼につづいた。

だが、一人でいるときの村田重治は、恐ろしいほど真剣な、沈思の人であった。

彼は、九七艦攻とともに、雷撃に生き、雷撃に死んだ。彼の生は、仏《ぶつ》の名のように春風とともに在り、彼の死は「壮烈」であった。行年三十四歳。

いまは彼の故郷の人のほとんどが、彼の名前すらも忘れてしまっている。それはそれでいい。

しかし、人類の永い歩みの記録の中から、「太平洋戦争」のいたましい歴史が抹殺されてしまわない限り、「パネー号事件」「浅海面魚雷発射法の研究完成」「ハワイ真珠湾雷撃」の各章に、「村田重治」の名は残る。

村田重治という男のもつ、底知れぬ人間としての魅力に惹かれた私が、いま、彼の三十四年の生涯と対決して筆をとったのも、村田重治という人物が、いつの日か、だれかによって掘りおこされねばならない人間であると、私がそう信ずるからである。

昭和五十九年十月二十六日　村田重治戦死、南太平洋海戦の日に──

山本　悌一朗

雷撃王 村田重治の生涯——目次

第三章　雷撃王誕生

第四章　勇者の真実

第五章　蒼空の飛翔

第六章　沈黙の帰還

雷撃王 村田重治の生涯

――真珠湾攻撃の若き雷撃隊隊長の海軍魂

第一章　運命の決断

帰ってきた「ぶつ」さん

旗艦「長門」は、九州東岸を佐伯にむけて北上していた。戦艦部隊があとにつづいて波をきる。

昭和十四年十月、夜の海の冷気が、「長門」の戦闘艦橋に立つ連合艦隊司令長官山本五十六の頬をさした。

風波のなかに、暗雲がひくくたれている。そのときだった。暗雲をくぐって、それも海面すれすれの低さに、九七艦攻が突如として姿を現わした。爆音より、機影の出現がはやかったといえるほどの不意うちであった。

一機、二機、三機……。訓練用魚雷（擬雷）を抱いた九七艦攻は、引金をひかれた弾丸のように、一直線に肉薄してきた。

「長門」の探照灯が、海面すれすれに肉薄する雷撃隊を追い、高角砲の弾幕が夜空を切り裂くなかを、二十七機の九七艦攻は、すさまじい雷撃をくり返し、魚雷全部を命中させた。

「あれはだれだ」と、山本司令長官が声をだした。

「『赤城』飛行隊長、淵田少佐であります」と、傍らにいた航空参謀が答えた。山本司令長官の頭の中に、「淵田美津雄」という名前がきざみこまれたのは、このときである。

演習が終わって、山本長官は、第一航空戦隊司令官小沢治三郎あてに、「第一二三作業見事ナリ」という賞賛の電報を発信させた。

その夜、九州佐伯湾に停泊中であった連合艦隊は、突如として飛来した横須賀海軍航空隊艦攻隊の雷撃をうけた。もちろん、擬襲ではあったが、艦攻隊の肉薄雷撃はすさまじく、艦隊の大半が、廃艦の審判をうけた。

この昭和十四年度連合艦隊の演習時における艦攻隊の雷撃効果はめざましく、この雷撃成功で搭乗員たちは大いに鼻を高くしたが、当時、航空技術廠兵器部部員で、魚雷担当の田中保郎大佐（のち少将）は、肌にアワを生ずる思いを味わっていた。

田中大佐は、佐伯湾のような浅い海面では、発射された魚雷は、残らず海底に突きささってしまうことを知っていた。演習であればいざ知らず、これが実戦ともなれば、大変なことである。一日も早く、浅い海でも有効に走るような魚雷をつくらなければならぬ……と、彼はかたく決意した。

すなわち、発射魚雷の「沈度」を小さくして、浅海面で発射しても、完全に駛走《しそう》するための発射法とその兵器について研究、解決することは、このときいらいの日本海軍航空隊の懸案となったのであった。

昭和十五年九月、横須賀海軍航空隊あて、「浅海面発射の実験研究」の訓令が出された。当時、海軍航空隊でただ一人、横空の特修科高等学生として雷撃を専修した「ぶつ」というニック・ネームの海軍大尉がいた。彼こそ、みじかい生涯を、九七艦攻とともに、雷撃に生き、雷撃に死んだ、村田重治《しげはる》その人であった。

横空あて訓令された「浅海面発射の実験研究」の担当者として、村田大尉がえらばれたのは、しごく当然のことであった。

昭和十五年十一月十五日付、連合艦隊司令長官山本五十六は、海軍大将に進級した。同日付で、大村海軍航空隊分隊長、海軍大尉村田重治は、横須賀海軍航空隊分隊長兼教官に補せられた。

昭和16年10月、臨時「赤城」飛行隊長兼分隊長当時の村田重治少佐。

村田重治大尉にとって、六ヵ月ぶりの横須賀の空であった。だが、前は特修科高等学生という身分の、それも、ただ一人の雷撃専修生徒であったから、分隊長兼教官としての、このたびの着任には、また新たな感慨があった。

「ぶつ」さんが帰ってきた……といううわさは、またたく間に横空に知れわたった。

身長五尺三寸（約百六十一センチ）。体重十六貫（六十キロ）。彼は、小柄だが、たくましい男であった。そして茶目で知られていた。

海軍航空隊のなかで、「ぶつ」は人気者であった。「ぶつ」とは、仏のことである。その名のしめすとおり、村田重治は、春風駘蕩《たいとう》とした仏様のような風采を持っていた。

彼は、上司からは信頼され、同僚から愛され、部下からはこのうえなく慕われた。

予科練三期生で、第一期特修科練習生、爆撃専修生徒として横空にいた尾崎才次下士官は、「ぶつ」さんが横空に帰ってきたことを知り、躍りあがってよろこんだ。村田重治が長崎県島原市出身、彼が同郷島原半島の神代町出身だったからであった。

練習生には雷撃専修が設けてなかったため、尾崎下士官は、村田大尉とともに飛ぶ機会こそなかったが、一、二度、休憩時に野球を楽しんだことがあった。

「村田ぶつさん」は、捕手をやったと思うと、こんどは投手になったり、それは楽しいものでした、と彼は述懐した。

村田重治大尉の横空における担当任務は、「浅海面魚雷発射の実験研究」であった。この仕事は、机上における理論研究が、実験飛行訓練によってうらづけされながら、つねにこの二つを並行してすすめなければならなかった。

だが、彼は、日華事変における実戦の経験をつみかさねた超一流のベテラン・パイロットであったし、くわえて昭和十三年九月いらいの愛機、九七式艦上攻撃機があった。

発射魚雷の沈度を十五メートル以内におさめることを目標として、実験が開始された。それは、机上研究と実験飛行の、あきることないくり返しであった。

——そして、昭和十六年をむかえる。

大進攻作戦始動す

一月にはいって、司令長官山本五十六は、第十一航空艦隊参謀長大西瀧治郎少将に文書を送り、真珠湾作戦に関する自分の決意を披瀝するとともに、その具体的研究を命じた。

当時、鹿児島県鹿屋にあった第十一航空艦隊司令部で、山本長官からの書簡を受けとった大西少将は、さっそく先任参謀の前田孝成大佐をまねいた。前田大佐は、当時、日本海軍航空隊における航空魚雷の権威者として知られていた。大西少将は、

「米国艦艇が、フォード島の周囲に係留されているとき、これを雷撃することは可能であろうか」

と、たずねた。この問いにたいする前田大佐の答弁は、大西少将が内心、おそれていたとおりのものであった。

真珠湾内の水深はあまりにも浅すぎて、雷撃の技術的な見地からしても、それは実質的に不可能であること、航空魚雷になにか技術的な奇蹟がおこらないかぎり、真珠湾雷撃作戦はまったくの論外であるというのが、前田大佐の率直な意見であった。

この問答があったのは、一月二十六日か二十七日、そのどちらかの夕刻であったという。

この一月、村田重治にうれしいしらせがあった。郷里、長崎県島原から、両親が出てくるという便りであった。重治と妻の貞子は、鎌倉の大町名越の官舎でその日を待った。

父の圓《まどか》と、母親の「きよ」をむかえて、久びさに重治は息子にかえった。休暇をとり、両親を日光見物にさそった。妻の貞子も、ぜいたくな馳走をならべて、両親をもてなした。

父親の圓は、文字どおりの厳父であったが、昭和二年四月、重治が海軍兵学校第五十八期生徒となっていらいというものは、この息子が自慢のタネであった。

母親の「きよ」は、おとなしい女性で、じつに優しい母親であった。

圓夫妻は、息子重治夫婦のもてなしに、きわめて上きげんな日々をすごした。そして、これが両親にとって、息子重治との最後の別れとなったのであった。

島原に帰った父圓は、重治の弟で、小学校訓導であった正二夫妻の目にもめずらしいほどの、ごきげんな日々がつづいた。上きげんな父は、

「重治が、日光につれて行ってくれた。貞子が、なになにという御馳走をくわせてくれた。また、二人で、どこどこにも案内してくれた」

と、子供のようによろこんでは、自慢気におなじ台詞《せりふ》をくり返し、正二夫妻を苦笑させたという。

ちなみに、村田家では、子供たちは父のことを「おとさま」と呼び、母のことを「おっかしゃん」と呼んだそうである。

二月にはいった。

第一航空戦隊旗艦「加賀」は、有明湾の志布志沖に停泊していた。

第一航空戦隊幕僚であった源田実中佐は、大西少将からの書簡を受けとった。相談したいことがあるから鹿屋基地に来てほしい、という内容の手紙であった。

源田実という名の、この三十六歳の航空参謀について、富岡定俊少将は、

「源田は、海軍航空界で、ひときわ光っていた。彼は、疑いもなく、他の者に十年も先んじていた」

と、賞賛の言葉を贈っているし、また、海兵同期の淵田美津雄は、

「源田の特色中の特色は、けっして飛行機の能力以上のことをしないことだった。彼は、教え子に対して、いつ、いかなる天候のもとでも飛んで見せる用意を持っていた。源田は、どこから見ても最高の航空士官だったので、すべての者が彼に敬意を払った」と、述べている。

大西瀧治郎中将。山本長官の真珠湾作戦計画を推進した。

源田実は、日本海軍航空隊が生んだ天才的ともいえる空の男であった。

大西参謀長の公室で、この二人の男が対面した瞬間から、山本五十六の「真珠湾作戦計画」は、始動のスイッチを入れられたのである。

美濃罫紙《けいし》に書かれた内容は、源田実著『真珠湾作

戦回顧録』によると、つぎのようなものであった。

『国際情勢の推移如何によっては、あるいは日米開戦のやむなきに至るかも知れない。日米が干戈《かんか》をとって相戦う場合、わが方としては、何かよほど思いきった戦法をとらなければ、勝ちを制することはできない。それには、開戦劈頭、ハワイ方面にある米国艦隊の主力に対し、わが第一、第二航空戦隊飛行機隊の全力をもって痛撃をあたえ、当分の間、米国艦隊の西太平洋進攻を不可能ならしむるを要す。目標は米国戦艦群であり、攻撃は、雷撃隊による片道攻撃とする。

本作戦は容易ならざることとなるも、本職みずからこの空襲部隊の指揮官を拝命し、作戦遂行に全力を挙げる決意である。ついては、この作戦を如何なる方法によって実施すればよいか、研究してもらいたい』

源田中佐が山本長官の手紙を一読するのを待って、大西少将が、

「そこでやね、君ひとつ、この作戦を研究してみてくれんか。できるかできないか、どうすればやれるか、そんなところが知りたいんだ」

ときりだした。源田中佐は、あっさりと承知した。二、三の意見交換の後、大西少将は、

「雷撃については、どう思う？　長官は、雷撃ができないようならばこの攻撃はやらない、と言っておられるが」

と、ずばり本作戦の核心を衝いた。これに対して、源田中佐は、

「私は戦闘機乗りなので、雷撃の方はわかりかねますが、真珠湾の水深は約十二メートル付

近なので、研究すればできないことはないと思います。しかし、雷撃ができなくても、致命傷をあたえることを考えなければなりません。攻撃目標を航空母艦にしぼれば、艦爆（急降下爆撃）だけで充分に致命傷をあたえられます。飛びこむことさえできれば、あとは何とかなるのですが、問題は、どうして母艦群を攻撃可能の距離まで持っていくかです」

と答え、大西少将との間で、本作戦を成功させるための第一の要件は機密保持であることを、お互いに確認しあった。

源田中佐との会見は、大西少将を満足させるに充分であった。源田中佐は「加賀」に帰ると、さっそく私室での作戦検討を開始した。

かくして「真珠湾作戦計画」は山本五十六の手を離れ、日本海軍航空隊きっての天才参謀の頭脳の中におさめられたのである。

そのころ、村田重治大尉は、連日、浅海面発射の雷撃訓練をくり返し実施していた。浅海面発射における魚雷の沈度制限も、順調な成績とはいえない日々がつづいた。沈度十五メートルまではいっても、それ以下の駛走率となると、まだまだあつい壁が、彼の前に立ちふさがっていて、信頼するにたる数字をあげるのは困難であった。

それでも、九七式三号艦上攻撃機を操縦し、自分の心と体をむちうって、魚雷を抱いた重治は、今日も海面すれすれの高度で飛んだ。

だが、当時の村田大尉には、「真珠湾作戦計画」が極秘裡に進められていること、水深約十二メートルの真珠湾攻撃には、沈度を十二メートル以下とする完璧な浅海面発射技術が必要であることなど、夢想だにできないことであった。

山本五十六の着想

あれはたしか、昭和十七年のことであったと思う。亡父の古い書箱の中から、大正時代の古雑誌を探し出し、そこに、一外人が書いた『日米もし戦わば』と題した小説を発見したことがある。

当時、私は旧制中学の一年で、多感な一少年であったから、その小説の終章が日本の敗北となっているのに、たまらない反発をおぼえた。が、ただ一つ、大きな衝撃をうけたのは、彼によって書かれた日米戦争の序曲が、日本空軍による真珠湾攻撃ではじまっていることであった。

当時は、日本国民は、開戦劈頭の真珠湾攻撃と、それにつづくマレー沖海戦の大勝利を伝える大本営発表からうける爆発的興奮に酔っていたころである。

四十年余をへたいまでも、ピタリと的中した、この小説からうけたそのときの印象が、あまりにも強烈なので、当時のことがよく想い出されるのである。

昭和三年、当時、軽巡洋艦「五十鈴」の艦長をつとめていた山本五十六が、海軍水雷学校で講演をやったことがあった。

「将来、航空機が主力艦にかわるであろうこと、また万一、日米戦争が起こった場合、守勢作戦はとらず、ハワイに進攻しなければ、日本の勝ち目はないと考える」という趣旨の話であったそうである。

この講演を聞いた水雷学校生徒のなかに、大島一太郎高等学生（のち大佐）がいたが、彼の回想によると、この山本五十六の講演内容は、学生たちにとってはまったく意表をつかれた話で、みんな、内心おどろいたという。

山本五十六は、それまでは、大正十四年、霞ヶ浦海軍航空隊の副長として、一ヵ年間の航空関係勤務の経験を持っていたにすぎなかった。

彼、山本は、大正八年、少佐のとき以後、アメリカ駐在が二度、ヨーロッパ出張が二度の経験を持っていた。阿川弘之氏は、その著『山本五十六』の中で、

『アメリカの実力とアメリカ人の国民性については、山本は特によく承知していたし、彼はアメリカが好きでもあった』と書いている。また、山本は、

『デトロイトの自動車工業と、テキサスの油田を見ただけでも、アメリカを相手に、無制限の建艦競争など始めて、日本の国力でとうていやり抜けるものではない』と、よく言っていたそうである。

彼、山本五十六は、日本と米国の戦争は、日本を滅ぼすことになるのをよく知っていた。だからこそ、彼は、万が一、日米戦避け得ざりし場合、尋常一様の作戦では、とうてい勝負にならないという彼の信念を出発点として、真珠湾攻撃の着想を、早くから抱いていたと思

われるのである。

昭和九年度の第一航空戦隊司令官であった山本五十六少将は、あるときの研究会の席上で、「……いま、開戦となったとき、戦勝の端緒をどこにもとめるか。大砲でもなく、水雷でもない。ここにいる搭乗員たちが、魚雷なり爆弾なりを抱いて、敵艦の檣楼に体当たりをくらわすよりほかには、残念ながら手はないのだ。この搭乗員たちは、自分の命令一下、ただちにこのことを敢行してくれるものと確信している」と述べている。

これは、山本五十六が若い搭乗員たちに、特攻攻撃の決意を要求したものとして、単純に受け取るべきではないと、私は思う。当時の海軍航空隊の機材や兵器とその数量、つまり、総合された人と兵器による戦力が、山本少将の目には、日米戦を戦えるだけの確信にほど遠く映じたための発言と思えるのである。

昭和十一年十一月、「対米国作戦用兵に関する研究」が海軍大学校で行なわれた。この研究のなかで驚くべきことは、第一篇　戦略関係、第一章「米海軍の戦略思想」西太平洋作戦九項目のうち、第四項目に、

「開戦後、艦隊の大部は速やかに布哇《ハワイ》に進出集中し、各方面の作戦は同地を中枢として指導せらるべし」という記述がなされ、ついで、

「第二節　潜水艦戦（四項目）

(1)米主力艦隊、真珠湾入港までにおける潜水艦部隊の利用。

(2)米主力、真珠湾入港後における潜水部隊の用法。真珠湾監視。真珠湾後方交通線の破壊ほか。

第三節　航空戦（三項）

(1)開戦前、敵主要艦艇特に航空母艦真珠湾に在泊する場合は、敵の不意に乗じ、航空機（空母飛行機並びに大艇・中艇）による急襲をもって、開戦するの着意あるを要す。（比島方面も同時空襲を行なうものとす）」

という記述が展開されていることである。

海軍大学校における本研究のうち、

「(1)真珠湾および比島方面の同時空襲をもって開戦する着意を示していること。

(2)米海軍の戦略思想について、米艦隊は開戦後、早急に決戦を求めて西太平洋に進撃せず、各方面の支作戦の効果の発揚、戦備の充実をまって、決戦を企図するであろうと判断していること」

のこの二点は、とくに注目に価する研究結論であると思う。

山本五十六連合艦隊司令長官。真珠湾作戦を企図、具体化させた。

『日本海軍航空史』によると、山本五十六司令長官が真珠湾攻撃の着想を抱いた根源とおもわれるものとして、つぎのような記述がなされている。

『真珠湾攻撃は、山本長官の着想であったが、それはいつごろから、いかにして生まれたものであろうか。

昭和十四年十一月、山本長官の下に連合艦隊司令部の新陣容が整ってから、長官の承認を得たという黒島参謀の起案による前述の連合艦隊作戦要綱ともいうべきものの第一項に、「好機、空母部隊をもって敵艦隊を奇襲攻撃する」とあるが、真珠湾攻撃の着想は、ここに源が存するものと推察される』

ここで注目すべき新事実は、昭和十五年五月七日以降、ハワイ真珠湾が米国太平洋艦隊の基地となったことである。

昭和十五年四月、米国艦隊はハワイに移動し、北はアラスカ、アリューシャンから、南はハワイ、ミッドウェーを中心としてパナマ運河にわたる東太平洋において、大演習を行なった。大演習が終了した後、米国艦隊は、アメリカ西岸に帰港する予定を変更して、五月七日から無期限にハワイに駐留することになったのであった。

これこそ、日本海軍にとっての米国艦隊奇襲攻撃の絶好の目標が、現実のすがたとなったのである。

山本司令長官の目に、海軍航空隊の実力が高度に上昇し、これならやれるという確信が芽生えたのは、昭和十五年度艦隊の前期訓練終了後より、同年秋ごろまでの間であろうと推察される。

当時の連合艦隊参謀長福留繁中将は、つぎのように回想している。

『昭和十五年度前期訓練において、水平爆撃、急降下爆撃の成績は思わしくなかったが、雷撃は、次第にその真価を発揮してきた。中攻の遠距離雷撃も、一側攻撃から両側攻撃、三方面攻撃と進歩し、夜間吊光弾のスクリーンをつくって敵の一側を押さえ、反対側から雷撃を決行することも実施した。

また、空母部隊の雷撃訓練も、着々その成果をおさめていた。殺到する中攻隊の、艦隊主力に対する雷撃で大なる成果を得たとき、艦橋で山本長官とともに喜び合ったことがあったが、そのとき、長官は、

「飛行機で、ハワイの米艦隊を叩けないかなあ」という意味のことを、ほのめかされたことがある。長官の真珠湾攻撃の着想は、この辺から芽生えたものと推察される』

昭和十六年一月のはじめ、もうこのときは、山本司令長官の胸中には、開戦劈頭の真珠湾攻撃作戦の決意が固まっていた。このことは、同年一月七日付、及川海軍大臣あての書簡によっても明らかであるが、いまその書簡の全文を、紹介する。

『昭和十六年一月七日

於長門　山本　五十六

海軍大臣及川古志郎殿

戦備に関する意見

国際関係の確乎たる見透しは何人もつきかねるところなれども、海軍ことに連合艦隊とし

ては、対米英必戦を覚悟して、戦備に訓練に、はたまた作戦計画に真剣に邁進すべき時期に入るはもちろんなりとす。

よってここに、小官の抱懐しおる信念を概述して、あえて高慮をわずらわさんと欲す。

（客年十一月下旬一応、口頭進言せるところとおおむね重複す）

一、戦備

戦備に関してはすでに連合艦隊の意向を中央にうつし、中央においては全力を挙げてこれが整備に努力せられあるものと信ず。

されど、前述申し入れは一般主要の事項にして、いざ開戦となり、敵と撃ち合うぞとなれば、なお細かき新要求も出ずべし。

そのうち、戦備必須事項はその旨を付記申し進むべきにつき、充分考慮ありたし。なかんずく、航空兵力はその機材と人員とを問わず、これで満足とは決してゆかぬはずにつき、あらゆる機会にこれが増産方激励相なりたし。

二、訓練

従来、訓練として計画実行しつつある大部分は、正常基本の事項、すなわち要撃決戦の場合を対象とする各隊の任務に関するものなり。もちろん、これを充分に演練することにより、幾多多様の実戦場面に応用善処せんとするものなれば、十全の努力を傾注してこれが練熟を期せざるべからず。しかしながら、実際問題として米英と開戦の場合を考慮するに、全艦隊をもってする接敵、展開、砲魚雷戦、全軍突撃等の華々しき場面は戦争の全期を通じ、ついに実現の機会を見ざる場合をも生ずべく、しかも、他に大いに演練すべくして、平素等閑に付されがちなる幾多の事項に対し、時局柄、真剣に訓練の要ありと認む。

　なお前述正常の基本的訓練を行なうに当たりても、いたずらに大ざっぱなる総合的戦術運動のみに熱中することなく、演習の推移に応じ、自己の率いる艦隊、戦隊、あるいは一隊一艦がつねに各場面においてその戦闘力を極度に発揮しつつありや否やに関し、不断の検討を要す。昨年度、英伊両艦隊が地中海において邁進せる場合、そのいずれかが平素より見敵必戦の攻撃精神旺盛にして、かつ突嗟砲戦に徹しおりたりとすれば、その二十五分間の砲戦において互いに一隻をも撃沈し得ざりしはずなく、かくのごときはわが海軍においては許すべからざる過失なりと認む。

三、作戦方針
　作戦方針に関する従来の研究は、これまた正々堂々たる要撃大主作戦を対象とするものなり。しかして屢次、図演等の示す結果を観るに、帝国海軍はいまだ一回の大勝を得たることなく、このまま推移すれば、おそらくジリ貧に陥るにあらずやと懸念せらるる情勢にて、演習中止となるを恒例とす。

　事前戦否の決を採らんがための資料としてはいざ知らず、いやしくもいったん開戦と決したる以上、かくのごとき経過は、断じてこれを避けざるべからず。

　日米開戦において我の第一に遂行せざるべからざる要領は、開戦劈頭、敵主力艦隊を猛撃撃破して米国海軍および米国民をして救うべからざる程度にその士気を沮喪せしむることこれなり。かくのごとくにして始めて東亜の要衝に占居して、不敗の地歩を確歩し、よってもって東亜共栄圏も建設維持しうべし。

しからば、これが実力の方途如何。

四、開戦劈頭において採るべき作戦計画。

われらは日露戦争において幾多の教訓をあたえられたり。そのうち開戦劈頭における教訓、左のごとし。

㈠ 開戦劈頭敵主力艦隊急襲の好機を得たること。

㈡ 開戦劈頭におけるわが水雷部隊の士気は、かならずしも旺盛ならず。その伎倆は不充分なりしこと、この点もっとも遺憾にして大いに反省を要す。

㈢ 閉塞作業の計画ならびに実施は、ともに不徹底なりしこと。

われらはこれら成功ならびに失敗の蹟にかんがみ、日米開戦の劈頭においては極度に善処することに努めざるべからず。しかして勝敗を第一日において決するの覚悟あるを要す。

作戦実施の要領、左のごとし。

㈠ 敵主力の大部、真珠湾に在泊せる場合には、飛行機隊をもってこれを徹底的に撃破し、かつ同港を閉塞す。

㈡ 敵主力、真珠湾以外に在泊するときもまたこれに準ず。これがために使用すべき兵力およびその任務。

(イ)第一、第二航空戦隊（やむを得ざれば第二航空戦隊のみ）月明の夜、または黎明を期し全航空兵力をもって全滅を期して敵を強（奇）襲す。
(ロ)一個水雷戦隊、敵飛行機隊の反撃をまぬかれざるべき沈没母艦乗員の収容に任ず。
(ハ)一個潜水戦隊、真珠湾口（その他の碇泊地）に近迫、敵の狼狽出動を要撃し、なし得れば真珠湾口においてこれを敢行し、敵艦を利用して港口を閉塞す。
(ニ)補給部隊、燃料補給のため給油艦数隻をもってこれに充つ。
(三)敵主力もし早期にハワイを出撃来攻するがごとき場合には、決戦艦隊を挙げてこれを要撃し、いっきょにこれを撃滅す。

右いずれの場合を問わず、これが成功は容易にあらざるべきも、関係将兵上下一致、真に必死奉公の覚悟堅からば、こいねがわくは成功を天佑に期し得べし。

右は米主力艦隊を対象とせる作戦にして、機先を制して比島およびシンガポール方面の敵航空兵力を急襲撃滅するの方途は、ハワイ方面作戦とおおむね日を同じうして決行せざるべからず。しかれども、米主力艦隊にして、いったん撃滅せられんか、比島以南の雑兵力のごときは士気沮喪して、とうてい勇戦敢闘にたえざるものと思考す。

万一、ハワイ攻撃におけるわが損害の甚大なるをおもんぱかりて東方に対し守勢をとり、敵の来攻を待つがごときことあらんか、敵はいっきょに帝国本土の急襲を行ない、帝都その他大都市を焼尽するの策に出でざるを保し難く、もし、いったん、かくのごとき事態に立ちいたらんか、南方作戦にたとえ成功をおさむるとも、わが海軍は輿論の激昂を浴び、ひいては国民士気の低下を如何ともするあたわざるにいたらんこと火をみるよりも明らかである。(日露戦争ウラジオ艦隊の大平洋半周における国民の狼狽は、如何なりしか、笑いごとにてはなし)

小官はハワイ作戦の実施に当たりては、航空艦隊長官を拝命して、攻撃部隊を直率せしめられんことを切望するものなり。

爾後、堂々の大作戦を指導すべき大連合艦隊司令長官にいたりては、みずから他にその人ありと確信するは、すでにさきに口頭をもって意見を開陳せる通りなり。願わくは明断をもって人事の異動を決行せられ、小官をして専心最後の御奉公に邁進することを得しめられんことを』

山本司令長官の本書簡について、海軍大佐三和義勇参謀の覚え書きによると、

『本書簡は、昭和十六年十二月十三日、ハワイ奇襲の機動部隊収容援護のための出動から、柱島に帰投し、私室にて仮眠中、山本長官来室、これを見せられて筆写した。ちなみに本文をお返しに行きたるとき、「みずから他にその人ありとせらるる大連合艦隊司令長官とは、どなたたるや」とお尋ねしたるところ、言下に「いはずと知れた米内大将なり」と答えられたり』

とある。本書簡によっても、真珠湾作戦に対する山本司令長官の、並々ならぬ重大決意のほどが、存分にうかがい知れるのである。

成否の鍵をにぎるもの

昭和十六年三月十日付、海軍大尉村田重治は、航空母艦「翔鶴」艤装員の兼務を命じられた。

「翔鶴」は、目前の竣工をめざして、二万五千六百七十五トンの巨体を、横須賀工廠のドックに横たえていた。

同年四月十七日、重治は「翔鶴」艤装員兼務を解かれ、「翔鶴」乗り組みを兼補された。

「翔鶴」が竣工したのは、この年の八月八日のことであった。主機＝タービン十六万馬力、速力＝三十四・二ノット、兵装＝十二・七センチ高角砲十六門、搭載機＝八十四機という最新鋭空母で、同型艦として「瑞鶴」が建造された。

そして、この「翔鶴」は、「赤城」なきあと、重治の母艦となり、彼は、この空母の飛行甲板を、魚雷を抱いて飛び立ったまま、ついに二度と還って来なかったのである。

重治はその運命の空母が竣工する前に、横空分隊長兼教官の肩書のまま、「翔鶴」乗り組みを兼任させられたのであった。

さて、第一航空戦隊航空参謀源田実中佐は、一週間後に、二種類の真珠湾攻撃計画を作成して、これを大西少将に直接、手渡している。

山本五十六司令長官の手紙によると、第一、第二航空戦隊をもってハワイ空襲を行なうが、戦艦を目標として、艦上攻撃機による雷撃の片道攻撃とするという多分に心理的効果を狙ったものであった。

これにたいして源田中佐の試案は、雷撃可能の場合と、雷撃不可能な場合の二つに分かれていた。

雷撃可能の場合は、艦上攻撃機をすべて雷撃にふりあて、これと艦爆による急降下爆撃を実施するという攻撃計画で、雷撃不可能な場合は、空母搭載の艦攻を全部おろして艦爆を積み、艦爆のみによって全面攻撃をする計画であった。

源田実氏の『真珠湾作戦回顧録』によると、

『両者ともに主攻撃目標は航空母艦とし副攻撃目標として戦艦、巡洋艦以下の補助艦艇、飛行場施設とした。また戦闘機は、制空と地上飛行機の銃撃に充当し、使用母艦は第一、第二航空戦隊の全力、すなわち「赤城」「加賀」「蒼龍」「飛龍」と、それに第四航空戦隊の「龍驤」をくわえたものであった』

とし、なお源田中佐は、本試案作成に当たって、

『山本長官の作戦構想に、全面的賛意を表すものであり、実行には多くの困難や障害をともなうけれども、これらは懸命な努力を積み重ねることによって排除できるものである』

という答申をつけくわえた。

源田試案のなかで、山本長官の片道攻撃構想は、戦果を徹底的にするための往復反覆攻撃に書きなおされた。

この源田中佐の攻撃計画案をもとに、大西少将は、雷撃不可能な場合も艦攻はおろさず、これに六十キロ爆弾六発ずつを搭載して、巡洋艦、駆逐艦を攻撃するという修正をくわえ、四月のはじめ、山本司令長官に提出した。

源田中佐の頭のなかは、真珠湾攻撃計画で、いつもいっぱいであった。

「敵を欺くにはまず味方を欺け」という諺どおり、彼にとってもっとも懸念されたものは、「機密保持」であった。

山本長官が、雷撃ができないなら、本作戦を断念するほかあるまいと発言したということが、源田中佐の頭から終始、はなれなかった。

当時は、浅深度航空魚雷はまだ研究中で、完成してはいなかった。

源田中佐は、なんとしてでも、このハワイ真珠湾作戦を実現させなくてはならないという固い決意に燃えて、関係当局に対し、浅深度魚雷の研究と完成促進を、強く要望した。

源田実航空参謀。海軍航空の
逸材で真珠湾作戦の作成者。

ハワイ真珠湾作戦の成否の鍵をにぎるもの、それは雷撃が可能か否かにかかっていることは、もはや寸分の疑いもなかった。

そのころ、本作戦の進行はつゆ知らず、今日も村田重治は、海面すれすれに飛んで、壮絶としかいいようのない雷撃実験飛行をつづけていた。

同年四月十日、第一航空艦隊が新たに編成された。四隻の航空母艦と十隻の駆逐艦が、第一航空艦隊にくわえられた。

第一航空艦隊は、第一、第二の航空戦隊を持ち、第一航空戦隊は「赤城」「加賀」でこれを編成した。第二航空戦隊は「蒼龍」「飛龍」の二空母に、十隻の駆逐艦がくわえられた。第一航空艦隊司令長官には、南雲忠一中将が任命され、「赤城」が艦隊旗艦に選ばれた。

参謀長には、草鹿龍之介少将が任命されたが、この新しく編成された航空艦隊の航空参謀として選ばれたのが、海軍中佐源田実であった。

水深十二メートル

『──昭和十六年二月十七日、アメリカのスターク作戦部長は、各海軍区司令官に機密文書をおくり、「担任海軍区内の港湾、とくに主要艦隊基地における大艦を防護する魚雷防御装置の使用」を研究調査し、その意見を提出するよう命令した。スタークは、この文書のなかで、「艦船が水深十尋《ひろ》（十八・三メートル）に碇泊するからといって、雷撃機の攻撃に安全であると独断的に考えることはできない」と述べ、さらに、「英空母がタラント海戦で魚雷を発射したときの水深は、大体、十三尋（二十三・八メートル）から十五尋（二十七・五メートル）で、数本は十一尋（二十メートル）ないし、十二尋であった」と、つけくわえた。これは、

「敵が戦時に空母を真珠湾近くに行動させることはできそうにないので、真珠湾の使用を、さらに制限する魚雷防御網の設置は必要がない」という、リチャードソン太平洋艦隊長官の見解に同意できなかったワシントン海軍当局がうった一手であった。

さらに同年六月十三日、スターク作戦部長は、「魚雷攻撃を防護する装置」と題する文書を各海軍区司令官におくり、その写しをキンメル太平洋艦隊長官に伝えた。この文書のなかで、スタークは、つぎのように述べている。

「飛行機から魚雷の発射を成功させるためには、最低水深が七十五フィート(二十二・九メートル)であることが必要であると考えられ、約二百ヤード(百八十三メートル)の魚雷の駛走が爆発装置を作動させるのに必要であるが、これは変わるかも知れない」

キンメルは幕僚と研究した結果、スタークの文書には、「魚雷は、四十フィート(十二・二メートル)以内の水深では駛走しないだろう。(海底に突っ込む)」と述べられていたので、「真珠湾は魚雷攻撃の危険がない」と考えたのであった。

結局、真珠湾にたいする航空魚雷攻撃を防衛する装置をもうける問題は、その後、実質的には立ち消えてしまい、開戦時にはなんら措置されないことになる』

(筆者注、㈠わが海軍が真珠湾攻撃で使用した航空魚雷は水深十二メートルで発射できる浅沈度のものだった。㈡真珠湾泊地の水深は約十二メートル。実松譲著『真珠湾までの365日』より引用)

横須賀海軍航空隊と海軍航空技術廠の、血みどろの研究が実をむすんで、「安定機」が制式兵器として採用されたのは、昭和十六年六月のことであった。

アメリカのスターク作戦部長ですら、

「魚雷は四十フィート以内の水深では、海底に突っ込んで駛走しないだろう」

と述べ、これを絶対的な理由として、キンメル長官も、真珠湾の魚雷攻撃の可能性ゼロとし、これにたいする防備無用の立場をとった。

そして、これは、当然すぎるほど当然な論理であった。

真珠湾水深十二メートル！

この巨大な、厚い壁は、微動だにせず、「真珠湾作戦計画」の前に、大手をひろげて立ちふさがっていたのだ。

しかし、山本長官の「真珠湾作戦」を遂行するには日本海軍は、なんとしてでも、真珠湾の水深十二メートルを完全に駛走する新型航空魚雷を開発し、くわえて、そのための浅海面発射技術を完成させなければならなかったのである。

当時、航空本部で、雷撃兵器の生産を担当した愛甲文雄少佐の努力は、非常なものであったという。

六月にはいって、三菱兵器製作所あて、海軍省から一通の電報がとどいた。

九一式航空魚雷百本を改造し、安定機をとりつけ、いつでもただちに発射できるように、入念に調整して十一月十五日までに完納せよという電文であった。

工作部長福田由郎氏は、この電報命令をうけて、頭をかかえてしまった。彼は、さっそく関係者を集めて協議をしたが、当時の生産能力では、いかなる手段をとったとしても、この命令完遂は十二月十五日になるという計算が出た。

そのことは、さっそく海軍省に返電された。すると折り返し、

「本命令は絶対なり。万難を排して遂行せよ」

という電報がとどいて、これはただごとではないぞという予感で、福田氏は身震いしたという。彼の回想記によると、

『いったい、安定機をとりつけるということは、飛行機からの落下射入に対して、姿勢を乱さず水中にもぐる、したがって射入深度が浅くなる。すなわち、浅い海で使用する場合に絶対必要な装置であることを知っていただけに、さて浦塩（注、ウラジオストク）は浅いと聞いているが、浦塩でなにか起こるのかなと考えたが、そんなことはどうでもいい。かくなるうえは致し方ない。今日あるがためのわが兵器である。ただ黙々として、この要請にそうだけである。ヨーシ来た、やるぞ』

と、従業員一同と心を一つにして、血みどろの生産への闘いを開始したのであった。

第一航空艦隊も、極秘のうちに浅海面雷撃の訓練研究を開始した。

だが、雷撃隊幹部のうち、一部のものだけが実験発射を行なうだけで、全員の訓練までは手がとどかなかった。

発射成績は、平均すると、沈度十二メートル以下の駛走率は五十パーセント程度で、とても全幅の信頼がおけるものではなかった。

横空における村田大尉の浅海面発射の実験訓練は、そういう周囲の状況の下にあって、一段と激しさをくわえ、また着々と実を結びつつあったのである。

三人の飛行隊長

同年八月二十五日、海軍大尉村田重治は、第四航空戦隊空母「龍驤」の飛行隊長に補せられた。同年九月一日付、同分隊長兼補を命じられている。

村田大尉は、「龍驤」に着任する直前、愛機九七式三号艦攻の操縦桿をにぎって、第一航空戦隊空母「加賀」の甲板を利用しての着艦訓練を実施した。

村田機の着艦は、じつにみごとなものであった。このとき、「加賀」の艦橋で、一人の航空参謀が、村田機の着艦ぶりに眼をそそいでいた。海軍中佐源田実である。

村田機のみごとな着艦を見終わった瞬間、源田中佐の脳裏に、電光のようにひらめいたものがあった。

「あっ、そうだ。〈ぶつ〉だ。〈ぶつ〉を雷撃隊長にしなければならない！」

源田中佐特有の、鋭い直感であった。その瞬間、真珠湾攻撃作戦の成否の鍵をにぎる雷撃隊総指揮官は決定したのであった。

源田航空参謀は、ときをうつさず、人事局に交渉した。

八月の異動で「龍驤」飛行隊長を命じられたばかりの重治であったが、第四航空戦隊は、ハワイ攻撃部隊には予定されていなかった。「龍驤」は小型の空母で、搭載機数も少なく、足も短いため、とうてい、ハワイ攻撃作戦の一角をになうにたるものではなかった。

源田航空参謀は、「龍驤」飛行隊長村田大尉を、ハワイ攻撃部隊の旗艦「赤城」飛行隊長として異動させるよう、人事局につよく働きかけたのであった。

幸い、源田航空参謀のこの働きかけの裏には、真珠湾作戦遂行のために必要なことなら、どのような協力、努力も惜しまぬという山本司令長官の存在が、大きな力となって働いていた。いまや、村田重治は真珠湾作戦の成否につながる、必要欠くべからざる男であった。

同年九月二十七日付で、村田大尉は、「臨時赤城飛行隊長兼分隊長」を命じられた。八月末の異動発令から、まだ一月をへたばかりであった。そのうえ、「臨時」という文字も、ただごとではなかった。

源田航空参謀による人事作戦のハイライトは、淵田美津雄少佐にたいするものであった。源田航空参謀の人事作戦は、大胆的確で、文字どおりときをうつさずに行なわれたから、事情がよくのみこめないご当人たちは、ほとんどが面くらってしまった。

淵田少佐は、昭和十五年暮れの異動で第三航空戦隊航空参謀を命じられるまでは、「赤城」の飛行隊長であった。くわえて彼は、中佐への進級を目前にしていた。

淵田美津雄少佐は、「赤城」飛行隊長を命じられ、九月にはいって着任した。

「赤城」の飛行甲板上で、歓声がまき起こった。

「おやじがもどったぞ!」

淵田少佐の着任をよろこぶ若い搭乗員たちの歓声をよそに、「赤城」の飛行長になると思って着任した淵田少佐は、

「帰ってみたら、飛行隊長だ。なんべんもやらせるなよ」

と、腐ったという。事実、中佐の飛行隊長というのは、それまでまったく例のないことだったから、進級を目前にした彼が腐るのも無理からぬことであった。

淵田少佐の前に、笑顔の村田重治大尉がかけよってきて、

「淵田さん、元の仕事にもどされて、お気の毒です」

と、笑いながら声をかけた。この野郎ッ——と思っても、「ぶつ」が相手では怒るに怒れなかった。ついで村田大尉は、

「淵田さん。源田参謀が言うとったよ。今度は、大飛行隊長主義だって。こりゃ、なにかあるとですよ、きっと」

と声をかけた。奇妙といえば、たしかに奇妙なことだらけであった。

第一航空戦隊の各母艦は、艦攻、艦爆、艦戦の三機種を持ち、それぞれ一個飛行隊を編成していたが、飛行隊長は各母艦一名であった。

だが、このたびの源田航空参謀の人事作戦によって艦隊旗艦「赤城」には、なんと三名の

飛行隊長がそろったのであった。

第一飛行隊長　海軍少佐　淵田美津雄（艦攻）

第二飛行隊長　海軍大尉　板谷　茂（艦戦）

第三飛行隊長　海軍大尉　村田　重治（艦攻雷撃）

淵田少佐は、別格の飛行隊長であったが、艦戦の板谷大尉は、海軍兵学校首席卒業の秀才で、零式艦上戦闘機のベテラン・パイロットであった。この二人にくわわったのが、日本海軍航空隊きっての雷撃のエース・村田大尉であったから、これはまったく、ただごとではなかった。

淵田少佐を、「赤城」艦上に出迎えた村田大尉は、

「……こりゃ、なにかあるとですよ、きっと」という言葉をはいたが、この短い言葉のなかから、村田重治が、その「なにか」を鋭敏に感じとっていたような気がしてならない。

八月十九、二十の両日にわたって、軍令部において会議が開かれた。召集されたのは、連合艦隊と第一航空艦隊の各航空参謀、第十一航空艦隊の首席参謀であった。

会議の決定事項は、つぎのとおりである。

㈠　九月一日に戦時編成を発令するさい、第一、および第十一航空艦隊の兵力を増強する。

㈡　第十一航空艦隊は、八月末で中国作戦を打ち切って内地へ引き揚げる。

㈢　第一、および第十一航空艦隊の戦闘機を、逐次「零戦」に更新する。この場合、第一

航空戦隊（空母「赤城」「加賀」）、第二航空戦隊（空母「蒼龍」「飛龍」）、台南、および第三航空戦隊（空母「鳳翔」「瑞鳳」）を優先する。

(四) 第一航空艦隊に第五航空戦隊をくわえる。

(五) 第一航空艦隊に、全飛行機隊の統一訓練のため適当な人を選び、第一航空艦隊の全飛行機隊指揮官を命ずる。

これらの決定事項のうち、第五項は、淵田美津雄少佐のために、とくに源田航空参謀の構想によって設けられた事項であった。

第一航空艦隊の全飛行機隊指揮官に淵田少佐が命じられたのは、彼が「赤城」に着任して間もなくのことであった。さすがの淵田少佐の表情も緊張した。

彼は、村田大尉にむかって、

「これは、大任務だ」といった。

「こりゃ、なにかあるとですよ、きっと」と、いった「ぶつ」の言葉が、生きもののように淵田少佐の胸を刺した。

「飛行隊長ばかり、なんべんも、やらせるなよ」と、「赤城」着任直後は腐っていた淵田少佐も、いまは、ただごとではない重大事態の急迫を、パイロット特有の鋭い直感で、生理的に感じとった。

そのそばで、微笑みをすらうかべて淵田少佐の言葉にうなずいた「ぶつ」こと村田大尉の目は、「淵田さん、これは面白くなりそうですな」とでもいいたそうな、いつに変わらぬ茶目な色をただよわせていた。

低い、静かな声

源田航空参謀が、淵田少佐にたいし、「ただごとではない」内容をうちあけたのは、それから数日後のことであった。

彼が源田航空参謀とともに、「赤城」艦内の草鹿参謀長の部屋に入ると、そこには第一航空艦隊司令長官南雲忠一中将をはじめ、幕僚たちが集まっていて、彼らの異様に熱い視線がいっせいに淵田少佐にそそがれた。

彼らが囲んでいるテーブルの上に置かれたもの――それはオアフ島と真珠湾の模型であった。いまこそ、淵田少佐は、真珠湾攻撃計画の概要に、直接触れたのであった。

それは淵田少佐のような、海軍航空隊きっての荒武者にとっては、思わず歓声をあげたくなるような大作戦であり、彼は自分の血が燃えたぎるのをおぼえた。

源田航空参謀の話のなかで、荒武者淵田少佐の気分を大いによくした挿話があった。それは、山本司令長官から、

「攻撃隊は、だれに率いて行かせるつもりか」

と、質問をうけた源田航空参謀が、

「私のクラスの淵田に行かせようと思います」

と答えると、山本司令長官が、

「オウ」と、会心の笑みをうかべたという話のくだりであった。

草鹿参謀長は、淵田少佐に向かって、作戦計画にそって、参加搭乗員を充分に訓練してほしいこと、本作戦の機密厳守については、これが作戦の成否に直接つながるのであるから、徹底厳守をはかるように注意した。これにたいして、淵田少佐は、

「ただ一人だけ、例外を認めてほしい」

と発言した。

「それはだれか」

という草鹿参謀長の問いにたいして、淵田少佐は、きっぱりと答えた。

「『赤城』飛行隊の村田大尉であります」

この言葉に、源田航空参謀が、口に微笑をうかべながら、大きくうなずいた。

村田重治が海軍航空隊きっての雷撃の第一人者であり、浅海面雷撃を担当している以上、彼、村田大尉にだけは、本作戦を充分に知ってもらわなければ、最大の効果は期待できないというのが、淵田少佐の発言内容であった。そして、この願い出は許された。

全飛行機隊指揮官淵田少佐のもとで、第一航空艦隊全空母搭乗員の猛訓練が開始された。

村田飛行隊長を指揮官とする雷撃隊の訓練区域として選ばれたのが、鹿児島湾一帯の水域

であった。地形も、湾一帯の水域も、真珠湾によく似ているところから、ここが選ばれたのであった。
この雷撃訓練が、いかに猛烈なハード・スケジュールの下で実施されたかは、当時の雷撃訓練時間割によっても、充分に推察ができる。
〔鹿児島における雷撃訓練時間割〕
午前八時出発　十一時帰投後、めし
午後一時出発　同四時帰投
午後八時ごろ出発　十二時まで夜間雷撃訓練
鴨池《かもいけ》基地に勢ぞろいした雷撃隊員たちの前に、淵田少佐と雷撃隊指揮官村田大尉が立ち、まず淵田少佐が口火を切った。
「いままでで洋上での基本訓練を終了し、本日からは応用訓練を開始する。本訓練は、停泊艦に対する浅海面発射訓練である」
そのときのことを、村田重治は、あとになって、
「淵田さん、あなたは、たいした役者ですよ」
といって、茶化したということである。
淵田少佐が雷撃隊員にあたえた命令は、
「雷撃隊は鴨池を離陸後、鹿児島市の北方に高度二千メートルで集結し、針路を南にとって、

一機ずつ、鹿児島港口に向け、樹の高さすれすれの四十メートルまで降下せよ。海岸線を過ぎたら、高度をさらに二十メートルまで下げて魚雷を発射し、右旋回で急上昇して基地へ帰投せよ」

というものであった。

海軍機はそれまで、飛行軍紀によって、低空飛行を禁止されていた。それが、今度は、命令によって、思いっきり低空飛行ができるというのだから、搭乗員たちは驚き、喜んだ。

淵田少佐は、さらに言葉をつづけた。

「本訓練は非常な危険がともなうから、まず村田大尉が模範を示す」

そばに立っていた村田大尉は、照れたようにニヤリと笑った。

実際、村田重治は、この危険な浅海面発射の訓練飛行を、すべて背面飛行でやって見せることができるという、驚くべき操縦技量を持った男であった。そして、彼は、真っ先に飛んだ。そのあとを、勇敢な部下たちが、つぎつぎとつづいて飛んだ。

十月に入った。

有明湾に停泊していた旗艦「加賀」の長官室に、淵田、板谷、村田という「赤城」三飛行隊長をはじめ、第一航空艦隊麾下の各母艦の飛行長、飛行隊長の顔がそろった。

くわえて、各母艦の艦長、各航空戦隊司令官および幕僚の顔が、長いテーブルをかこんで並んだ。上席にいたのは、第二航空戦隊山口多聞少将、第一航空艦隊の草鹿龍之介参謀長であった。

重苦しい沈黙の時間が破れ、南雲忠一長官が入ってきて、テーブルの中央に立った。

村田重治大尉は、南雲長官のいかめしい容貌を凝視した。

「万一、日米開戦となれば、わが第一航空艦隊は、AI空襲を行なう予定である」

南雲長官の声が流れ、長官室の空気が一瞬、凍りついた。AIとは、日本海軍で使用していた略語で、ハワイのことであった。

長官の訓示が終わると、テーブル上の黒い布がとりのぞかれた。

そこには、みごとにつくられたオアフ島の模型と仮製の真珠湾の模型があり、それが全員の視野いっぱいに飛び込んできた。

南雲長官の話のあとをうけて、草鹿参謀長が語をついだ。

「まだ攻撃計画は立案中であり、諸君の意見を徴した上で練り上げるのであるが、この作戦が成功するか否かは、いつにかかって、雷撃が可能であるかどうかにある。

山本長官も、その点を非常に心配されている。いまから航空参謀にハワイ方面の概況と、攻撃計画の素案を説明させるが、雷撃の能否について一応の見当をつけてもらいたい」

その言葉が終わらないうちに、重治は、全員の視線が自分にそそがれるのを感じた。そうら、おいで

草鹿龍之介中将。真珠湾攻撃部隊（南雲艦隊）の参謀長。

なすったぞ……と彼は思った。ふしぎと心は冷静であった。

源田航空参謀が説明している間、村田大尉は、模型の真珠湾の海面を、くいつくようにみつめていた。一通り説明を終了した源田航空参謀が、村田大尉の方に向きなおった。鋭い、射るような視線であった。源田航空参謀はいった。

「どうだ。ぶつ、できるか」

突き刺すような言葉であった。一呼吸おいて、いつもの平気な顔で「ぶつ」は答えた。

「なんとか、いきそうですなあ」

緊張したこの場面には、およそふさわしくないような、低い、静かな声であった。源田航空参謀は、口を一文字に結んだまま、力強く、それでも満足そうにうなずいた。

後日、源田実氏は、その著『真珠湾作戦回顧録』のなかで、

『十二月八日、海戦史上、未曾有の遠征作戦において決定的な戦果をもたらしたそもそもの因《もと》は、この村田少佐の返答にあったような気がする』

と述べている。

昭和十六年十月十五日付、村田重治は海軍少佐に任ぜられた。同日付、淵田美津雄は中佐に、板谷茂は少佐に、それぞれ進級した。

（筆者注、村田重治が妻貞子へあてた昭和十六年十一月七日付の書簡によると、「……去る十月一日付、少佐に進級致しました」とあるが、軍歴簿その他の資料から見ても、十月十五日付が正しく、重治の日付が間違いのようである）

第二章　真珠湾炎上

村田少佐の苦悩

鹿児島の空は、村田雷撃隊の壮絶きわまりない猛訓練で、ズタズタに引き裂かれた。

連日、九機編隊で飛び立った九七式三号艦攻は、霧島山上、高度四千五百メートルで編隊を解き、各機一千メートルの間隔をおいて、一直線に目標海面めざして突っ込んだ。

鹿児島上空三十メートル、電柱に神経をつかいながら、一直線に港に突入、高度五メートルで速力百三十ノットの水平直線飛行にうつって魚雷を発射するこの飛行訓練は、命令そのものからムチャであった。

九七艦攻の高度計は十メートル単位なので、高度五メートルの飛行は、搭乗員特有の鋭いカンに頼るよりほかに、方法がなかった。

若く勇敢な搭乗員たちが、剃刀の刃のように神経をとぎすまして、操縦桿をにぎっていても、寸分の狂いが生じてプロペラが海面をたたけば、それはそのまま死につながることを、彼らはだれよりもよく承知していた。それでも、村田隊長機につづいて、彼らは一直線となって目標海面に突入した。

目標にされた漁船は、帆にプロペラの風をうけて、たちまち転覆した。また、出水《いずみ》基地周辺の鶏は、卵を産まなくなった。

頭上をおおう翼と、我慢がならない爆音の交錯に、市民たちは神経がまいってしまった。

月月火水木金金の猛訓練は、くる日も、くる日もつづいた。雨が降れば、外出が許されるというのに、いっこうに雨は降らなかった。

連日連夜におよぶ猛訓練で、隊員たちの雷撃技量の向上は、驚くべきものがあった。

しかし、このころから、村田少佐の苦しいあせりがはじまったのであった。魚雷の沈度を二十メートルまでは押さえられたが、それ以下の成績が、どうしてもあがらないのだ。

村田少佐の眼の前には、真珠湾水深十二メートルという、とんでもなく大きい厚い壁が立ちふさがっていた。彼は、あたえられたあまりにも少ない、限られた時間内に、魚雷を抱いて、この水深十二メートルの壁を破らなければならなかった。

その大きな厚い壁の向こう側に、めざすアメリカ太平洋艦隊の主力艦群が停泊しているはずであった。

村田少佐は、重苦しい疲れをおぼえた。だが、部下の搭乗員たちは、魚雷の沈下深度が、二十メートルでなぜいけないのか、だれ一人として知るものはなかった。ただ、「ぶつオヤジ」を信じ、彼の機のあとにつづいて、来る日も来る日も、生命を賭した浅海面発射訓練をくり返した。

沈度を何がなんでも十メートルにおさえなければならない――村田少佐の苦悩は、つのる一方であった。基地内での居室で、一人きりになった重治の表情は、深刻であった。深い苦悩と極度の疲労と、容赦なく過ぎ去る時間の経過が、彼の頭脳と肉体を極限にちかく責め、さいなんだ。

しかし、翌朝、搭乗員たちの前に立って飛行上の注意をあたえ、真っ先に愛機に飛び乗る村田少佐は、陽気で豪放で、じつに頼り甲斐のある、われらの雷撃隊長のすがたであった。

ここで、源田実著『真珠湾作戦回顧録』の中より、つぎの章を引用する。

『十月初頭の旗艦「加賀」における飛行隊長以上の集合があってから数日後、私は、鹿児島基地を訪れた。基地の士官室にはいるとすぐに、淵田中佐が村田少佐と連れだってやってきて、ニコニコしながら相談をもちかけた。

〝〈ぶつ〉と相談したんだがね。艦攻の九機を二つに割って、四機を雷撃、五機を水平爆撃ということにしたらどうかと思うんだ。四機ならば腕のいいパイロットはすべて雷撃に回せるし、多分、停泊艦、それも二隻ずつメザシのように並んでいるやつを爆撃するんだから、五機でも十分に目標は捕捉できるんだ。

「赤城」と「加賀」は四機編隊の雷撃隊を三隊ずつ、「蒼龍」と「飛龍」は二隊ずつということにすれば、精鋭な雷撃機四十機、水平爆撃隊は一航戦から五機編隊を六隊、二航戦から四隊とすれば、十隊五十機の攻撃隊ができる。

この方が、九機編隊十隊より、はるかに有効だと思うんだが、どうだろうか〟

これは名案である。

淵田の案か、村田の案か、あるいは二人の合作かどうか知らないが、一、二航戦艦攻隊九十機の勢力を、二倍にまではいかないまでも一・五倍くらいに増勢しただけの価値がある。私は一も二もなく賛成して、

〝そういうことにしよう。そのつもりで訓練を進めてくれ。司令部の攻撃計画も、その方向で作成する〟

と、いうことになった。だれが考えたかは知らないが、村田重治という人物がいなかったならば、この案が、日の目を見ることはなかったであろう』

十月末になって、九七式三号艦上攻撃機の補助翼、昇降舵、方向舵に、耐寒グリースが塗られはじめた。このことが原因となって、基地内に、

「北のダッチハーバー攻撃に行くらしいぞ」

という噂が流れはじめた。

昭和十三年、村田重治が第十二航空隊分隊長当時の部下であった森拾三兵曹は、「蒼龍」艦攻操縦員として、出水基地に飛び、連日の浅海面発射猛訓練にくわわっていた。

艦攻操縦員として、村田少佐から大きな薫陶をうけたという彼は、村田雷撃隊の一員にくわわったことに大きな喜びと感慨をおぼえ、それ以上に、ただもう懐かしくなって、休憩の一刻を利用して指揮所に出向き村田少佐に挨拶をのべた。雷撃隊総指揮官だというのに、森

拾三兵曹に向かって、

「身体に充分注意するように」と、優しいいたわりの言葉を吐いた村田少佐は、森拾三兵曹の目には、やはり懐かしい「ぶつ分隊長」であった。

「身体に充分注意するように」という村田少佐の短い言葉のなかに、なにか深い意味がこもっていたのではないだろうかと、森氏はその著書『奇蹟の雷撃隊』のなかで述べている。

同年十一月三日、各飛行隊は基地を撤収して、それぞれの母艦へ帰投、翌四日から六日にかけて最後の演習を行なった。

佐伯湾在泊中の連合艦隊と佐伯航空隊を真珠湾の敵戦力と仮定し、これにたいしてハワイ攻撃部隊は、艦船の全力と飛行機隊の大部をもって攻撃を開始したのである。

六隻の母艦から発進した三百余機の攻撃機隊は、三百キロ以上の空を飛んで、佐伯湾に殺到した。だが、はじめの二回の演習成果にたいして、山本司令長官はまだ不満足であった。

それを聞いた攻撃隊総指揮官淵田中佐は、

「そら、いかん。司令長官に一抹の不安が残っていたら、行くもんかて気持わるい。よっしゃ、俺、『長門』へ行って、直接、長官と話してくる」

というなり、山本司令長官に面会をもとめて、十一月六日、最後の演習実施の約束をとりつけると帰艦した。

阿川弘之氏の『山本五十六』によると、

『この最後の演習は、十一月の五日に発動され、六日早暁、実戦通り日の出三十分前に六隻の航空母艦から第一次攻撃隊が発進し、水平爆撃隊、急降下爆撃隊、雷撃隊、制空隊の四群に分かれて佐伯湾に殺到し、定められた行動を採ったあと母艦に帰投し、演習は成功裡に終了した。あとで淵田が、

「長官、満足してくれましたか?」

と駄目を押すと、山本は、

「よろしい、満足した。君ならやれる」

と言って彼を励ました』

という状況であったが、雷撃隊内部の実状は、「満足した」どころの騒ぎではなかった。

この間の経緯については、源田実著『真珠湾作戦回顧録』より引用する。

『十一月四日から六日にかけて、ハワイ攻撃部隊は艦船の全力と飛行機隊の大部をもって、佐伯湾在泊中の連合艦隊および佐伯航空隊を真珠湾に擬し、最後の演習を行なったのであるが、このとき、有明湾に設置した目標にたいする雷撃成績は、雷撃隊懸命の努力にもかかわらず、思わしい成績をあげることができなかった。

もうこのときには、十一月十七日には機動部隊は佐伯湾を出撃することになっていたので余裕は十日もなかった。それでいて、雷撃の目鼻がついていなかったのであるから、まったく困ったものである。

六日、雷撃隊(「赤城」「加賀」)の幹部が鹿児島基地において善後策を講じたのであるが、さすがの村田少佐も、このときばかりは弱音をはいていた。

「もう、どうにも手が出ない。艦爆隊の健闘に待つほかはない」と。

日本海軍の雷撃隊を代表するほどの練達者が、額を集めて真剣な協議をしているのであるが、どうにも名案が出ない。あるいは雷撃をあきらめなければならないのだろうか。

佐伯湾で昭和16年11月4日から6日にかけて行なわれた最後の模擬演習を終了、泊地に集結した空母「赤城」と母艦群。

そうすると、ハワイ攻撃の胸算は、ずいぶんと狂ってくることになる。

みんなの話を聞きながら、私は別に、胸の中で計算をしていた。

雷撃が駛走率五十パーセントとすれば、発射前に四割を失うとしても、十二本程度の命中魚雷を期待し得るであろう。もし完全奇襲ができたならば、二十本程度の命中魚雷で、戦艦、航空母艦あわせて、前者の場合、二ないし三隻、後者の場合、四ないし五隻に大打撃をあたえることができるであろう。

雷撃を行なう場合、もっとも困るのは、敵が防御網を展張している場合である。この場合は、全部爆撃にたよるほかはないのであって、攻撃効果ははなはだしく低下するであろう。

雷撃に大きな期待をかけ得ないときでも、水平爆撃

諸元／射法	発射高度	発射時機速	機首角度
第一法	一〇〜二〇メートル	一六〇ノット	〇度
第二法	七メートル	一〇〇ノット	上四・五度

隊の捕捉率八十パーセント、命中率四十パーセントと八十パーセントの編隊が攻撃可能とすれば、十二〜十六発の八百キロ徹甲爆弾の命中を期待し得るであろうし、これは、戦艦二隻くらいに致命傷をあたえ得るであろう。

なお、この場合、一、二航戦艦爆隊の全力は、航空母艦に攻撃を集中する。八十一機の艦爆で、命中率を控え目にみても、三十発くらいの命中を期待し得るであろうし、これは航空母艦三隻に致命傷をあたえ得るであろう。

要するに、最悪の場合でも、在泊航空母艦の全部と戦艦二隻くらいに、当分（約半年）出撃不能の打撃をあたえることができるだろうと踏んでいた。

これという名案のないままに、思案投げ首がつづいていたときに、「赤城」の若いパイロット、根岸朝雄大尉が、ポツリと言い出した。

「どうです、隊長。発射時の機速をうんと下げて、百ノット、高度も六メートルにし、機首角度を上四・五度ということにしてやってみたら。この方法でやって、よく走った経験があります」

「そうか。敵前で百ノットはどうかと思うが、このさい、そんなことは言っておれんなあ」

「そうです。のるか、そるかです。これでやらしてください」

「よし。それでやってみよう」

村田隊長は、根岸大尉の提案をその場で採用し、急いで実験してみることに、決定を下した。

この実験の結果を私たちが知ったのは、出撃準備のため佐世保に入泊していた十一月十日のことである。

鹿児島基地にある「赤城」飛行隊長増田中佐から、

「本日発射実験の結果、第一法、第二法ともに駛走率八十三パーセント」

という意味の電報を受けとった。ここに、第一法、第二法というのは、つぎのとおりである（前頁表）。

この電報を佐世保在泊中に受けとったとき、南雲長官以下、司令部の幕僚は、いずれも救われた感じがした。少なくとも、攻撃に関する重大な障害の一つは、乗りこえた気がしたのである』

モン公への遺言

同年十一月七日付、重治は、鹿児島基地で妻貞子あての手紙を書いた。なんとも珍しい、本当に久々の便りであった。（原文のまま）

「拝啓

大変冷しくなって来ました　これから段々寒くなることでせう

皆様其の後御変りはありませんか
小生は益々元気にて軍務に精励致し居ります故御安心下さい
最近色々と忙しくつい便りも出しませんでしたが去る十月一日附少佐に進級致しました。
尚今　龍驤から赤城に転勤し目下赤城飛行隊長兼分隊長をやって居ります
今の処　鹿児島に又来ておりますがそのうちに艦の方へ行きますから手紙は軍艦赤城士官室宛に出して下さい
家族渡しにする筈の処　艦がかわったりして出来なかったので同封にて百五拾円送ります
尚年末賞與全額家族渡しにしてありますからその積に願ひます
『モン』は相変らず元気ですか　寒くなったら又困ることでせう
父上にも御手紙差上げるべき処其許様よりよろしく御伝へ下され度
皆様によろしく　御自愛祈居候
十一月七日　　　　　　　　重　治」
貞子殿

ペンの走り書きで、句読点のない文章であるが、じつに達筆である。封筒の裏には、「鹿児島海軍飛行場増田部隊　村田重治」と、書かれている。増田部隊とは、当時「赤城」の飛行長であった増田正吾海軍中佐の部隊という意味であった。

拾銭の靖国神社の切手と、四銭の東郷元帥の切手の上に押された消印には、「鹿児島・鴨池」の文字が読め、書留印がその下に押されている。

この手紙を認《したた》めた十一月七日といえば、根岸大尉の提案になる「発射時機速百ノット、高度六メートル、機首角度上四・五度」の発射法実験初日である。

村田重治にとってみれば、のるか、そるかの瀬戸際に立たされた、文字どおり、もっとも苦しい一日であった。

私は、村田重治が、この手紙を、普通人の感覚でいえば、遺書を書くような気持をこめて書いたのではないかと、そのような気がしてならないのである。

重治の便りは、いつも内容とてない味気ないものが多いのであるが、その中で、家族渡しにする金額のことなど、割と細かい心配りを示したこの書簡は、けだし異色のものである。

（筆者注、重治が本書簡〈書留〉で、妻貞子に送った百五十円について、興味ある資料を得た。重治が小学校卒業時の校長であった林銑吉氏は、当時、島原市の教育界における最高の人であったが、林校長の給与が、当時二級俸で、百四十円、重治の弟正二氏〈小学訓導〉の給与が、当時、五十七円であった。酒一升が九十銭の時代だというが、重治のそれは、老校長の給与を上まわっていたと思われるのである）

書簡中「モン公」とあるのは、重治が昭和十四年、海南島から連れてきた愛猿のことで、この「モン公」は、重治によくなついていたという。

重治が父圓《まどか》あて手紙を書いたのは十一月十日のことである。この日は、発射実験の結果、第一法、第二法とも駛走率八十三パーセントの好成績をおさめ、雷撃隊長としては、はじめて真珠湾水深十二メートルを克服した自信を、喜びと共に強く抱くことができた日である。

「拝啓
其の後益々御元気の事と存じ居ります
私も相変らず元気に勤務致して居ります　貞子には申し送りましたが今度少佐に進級致しました
益々一意御奉公の念をかためおります
尚赤城に転勤　飛行隊長兼分隊長を拝命致し居ります
それから今事変の功により功五旭四を戴いた様ですが未だ勲章は手元には届きません　授与あり次第御知らせします
向寒の折柄御自愛祈り居ります
十一月十日　　　重　治
父上様」

この手紙のなかで、ひっかかるのは、「功五旭四を戴いた様ですが……」というくだりである。

村田重治が、「支那事変に於ける功に依り、功五級金鵄勲章勲四等旭日小綬賞及金参阡五百円を授け賜う」喜びの日に接したのは、昭和十五年四月二十九日の天長の佳節であった。

それが一年七ヵ月も経過した昭和十六年十一月十日付の手紙の中に、「それから今事変の功により功五旭四を戴いた様ですが、未だ勲章は手元には届きません」と書いてある文面に接するのは、一面、奇異な感じであるけれども、当時の情勢としてはこれが普通であったのだから、致し方のないことであった。

ヒトカップ湾上の「赤城」甲板上の九一式改造航空魚雷。三菱兵器製作所が完成させた魚雷は村田雷撃隊用に供された。

昭和十六年十一月一日付、海軍少佐村田重治は、従六位に叙せられた。同年十一月十日には、「赤城」飛行隊長兼分隊長に補せられている。同日付で臨時「赤城」飛行隊長兼分隊長という肩書のうち、やっと「臨時」の二字が取り除かれたのであった。

昭和十六年十一月十五日までに、安定機つき九一式改造魚雷百本を、佐世保軍需部に完納せよと命令された三菱兵器製作所は、当時の法規によって、就業時間に窮屈な制限があって、とても期限までの完納は望むべくもなかった。

そこで、福田由郎工作部長が、

「全責任は、私が負うから、十一月十五日に完納するまでは、三十六時間連続作業（二日に十二時間休養）を決行する以外、方法はない。ぜひ、協力してもらいたい」

と、大変な意気込みで長時間勤務を申し渡すと、全従業員はだれ一人、不服をいうものもなく、真剣に生産にとっ組んでくれた。

文字どおり、血のにじむような連続作業が展開された。

最後の百本目を完成し、これを完納したのは、一日前の十一月十四日のことであった。福田由郎氏の回想によると、

『この日、納入から帰ってきた納入係の者は、

「大変です。佐世保軍需部に運搬したところ、間に合わぬゆえ、向こうの母艦に納入せよといわれ、艦に持ち込んできました。急に何か起こりそうです」

と報告した。自分で作り、自分で調整し、軍ではほとんど手をつけないで発射し得る魚雷を送りこんだ全従業員は、かたずを呑んで不安な日をすごした』という。

三菱兵器製作所の全従業員が、血みどろになって、全精魂をうちこんだ百本の九一式改二魚雷は、村田雷撃隊用と、一部は陸上航空部隊用として供給を終えたのであった。

「赤城」艦上の壮行会

話はさかのぼるが、昭和十六年十月二十四日付、嶋田繁太郎海軍大臣あての山本司令長官の書簡を、ここで披露する。

「拝啓

さて、このたびは容易ならざる政変の跡を引き受けられ、御苦辛のほど深察にたえず、専心隊務に従事し得る小生らこそ勿体なき次第と感謝まかりあり候

しかるところ昨年来しばしば図上演習ならびに兵棋演習等を演練せるに、要するに南方作戦がいかに順調に行きても、そのほぼ完了せる時機には甲巡以下小艦艇には相当の損害を見、ことに航空機にいたりては毎毎三分の二を消尽し（あと三分の一も完全のものはほとんど残らざる実況を呈すべし）、いわゆる海軍兵力が伸び切る有様と相成るおそれ多分にあり、しかも航空兵力の補充能力ははなはだしく貧弱なる現状においてはつづいて来るべき海上本作戦に即応すること至難なりと認めざるを得ざるをもって、種々考慮研究のうえ結局、開戦劈頭、有力なる航空兵力をもって敵本営に斬り込み、彼をして物心ともに当分起ちがたきまでの痛撃をくわうるのほかなしと考うるに立ちいたりたる次第に御座候

敵将キンメルの性格および最近、米海軍の思想を観察するに、彼かならずしも漸進正攻法のみによるものとは思われず、しかして、わが南方作戦中の皇国本土の防衛実力を顧念すれば、真に寒心にたえざるものこれあり、幸いに南方作戦、比較的有利に発展しつつありとも、万一敵機、東京、大阪を急襲し、一朝にしてこの両都府を焼尽せるがごとき場合はもちろん、さほどの損害なしとするも、国論は果たして海軍に対し何というべきか、日露戦争を回想すれば、想半ばに過ぐるものありと存じ候

聴くところによれば、軍令部一部らにおいては、この劈頭の航空作戦のごときは、結局、一支作戦にすぎず、かつ成否半々の大賭博にして、これに航空艦隊の全力を傾注するがごと

きはもってのほかなりとの意見を有する由なるも、そもそもこの支那作戦四年疲弊の余を受けて、米英支同時作戦にくわうるに、対露をも考慮に入れ、欧独作戦の数倍の地域にわたり、持久作戦をもって自立自営十数年の久しきにもたえむと企画するところに非常の無理ある次第にて、これをも押し切り敢行、否、大勢に押されて立ち上がらざるを得ずとすれば、艦隊担当者としては、とうてい尋常一様の作戦にては見込みたたず、結局、桶狭間とひよどり越と川中島とを合わせ行なうのやむを得ざる羽目に追い込まるる次第に御座候

このあたりのことは、当隊先任参謀の上京説明により、一応同意を得たる次第なるも、一部には主将たる小生の性格ならびに力量等にも相当不安を抱きおる人々もあるらしく、この国家の超非常時には、個人のことなど考うる余地もこれなく、かつもともと小生自身も大艦隊長官として適任とも自任せず、したがって、さきには(昨十五年十一月末)総長殿下ならびに及川前大臣には米内大将起用を進言せし所以にこれあり候えば、右事情等十分に御考慮くだされ、大局的見地より御処理のほど願い上げ候

(注)

一昨年十一月には将来、連合艦隊と第一艦隊を分けるさいには、自分は第一艦隊長官でよいから米内大将をぜひ起用ありたし(将来は総長候補としても考慮し、その準備上も)と進言せり

及川氏は一時賛成、殿下は米内を復活軍参(軍事参議官)とし、また自分の後釜とするは賛成なるも、連合艦隊は山本ヤレと言われ候

二連合艦隊戦策改正のさい、劈頭、航空作戦の件を加入せるさいの小生の心境は、この作戦は非常に危険困難にて、敢行には全滅を期せざるべからず（当時は一個航空戦隊に一個水雷戦隊くらいで飛び込むことも考えおれり）　万一、航空部隊方面に敢行の意気十分ならざる場合には、みずから航空艦隊長官拝受を御願いし、その直率戦隊のみにても実施せんと決意せる次第に候　そのさいにはやはり米内大将をわずらすほかなからむと考えおりし次第に候

以上は結局、小生の伎倆不熟のため、安全堂々たる正攻的順次作戦に自信なき窮余の策にすぎざるをもって、ほかに適当の担任者あらば、欣然退却を躊躇せざる心境に御座候

なお大局より考慮すれば、日米英衝突は避けらるるものならばこれを避け、このさい、隠忍自戒、臥薪嘗胆すべきはもちろんなるも、それには非常の勇気と力とを要し、今日の事態にまで追い込まれたる日本が、果たしてさように転機し得べきか申すもかしこきことながら、ただ残されたるは、尊き聖断の一途のみと恐懼する次第に御座候

なにとぞ御健在を祈り上げ候　敬具

十月二十四日　山本五十六

嶋田大兄御座下」

南雲艦隊「赤城」艦上における壮行会が、山本司令長官を迎えて厳粛にひらかれたのは、

十一月十七日の午後のことであった。

この日の情況を、宇垣参謀長は、

「大将の言、肺腑を衝く」

「長官の言々句々は各人の胸中に深く訴えたり」

と、日記に記している。

日本は過去の歴史において、蒙古、中国、ロシアらの多くの国と戦ってきたが、今度の敵アメリカこそ、もっとも強大、かつ資源に富んだ強敵であること、キンメルは疑いもなく有能、細心、達見の将であり、起こりうべきあらゆる事態に対処し、周密な警戒措置がとられていることが推察されること、諸士は充分、心して強襲となることも予想し、不覚をとらぬよう心がけねばならないというのが、山本司令長官の訓示の概要であった。

「将士の面上、一種の凄味あるも、一般に落付あり。各々覚悟定まり、忠節の一心に固まるを見る」

「この作戦には、若干の犠牲は覚悟せざるべからずといえども、神助により使命を達成せんことを祈願するものなり」

と参謀長宇垣纏《まとめ》少将は日記に書いている。

「征途を祝し、成功を祈る！」の言葉をのこし、山本長官と幕僚たちが「赤城」を退艦すると、まもなく佐伯湾に夜が訪れた。

翌朝、「赤城」の艦姿は、佐伯湾にはなかった。

真珠湾作戦に参加する各艦は、それぞれ出港日時を違えて出港、集合点の単冠湾《ヒトカップ》に向かった。企図をかくすためであった。

十八日早朝、佐伯湾を出港した駆逐艦「秋雲」の先任将校千種《ちぐさ》定男少佐は、

『期待にあふる。何か重大なことが待ちうけているがごとし』

と、その日記に書いた。

宇垣纏参謀長。壮行会の長官の言、肺腑を衝くと記した。

同十八日、五隻の特殊潜航艇を搭載した伊号十六、伊号十八、伊号二十、伊号二十二、伊号二十四の潜水艦は、広島湾の亀ヶ首を出航。

特殊潜航艇による特別攻撃隊の隊長は、海軍大尉岩佐直治であった。

十八日の日記で、千種少佐は、

「士官、乗員とともに体操、軍歌を歌う。士気の高揚に全力を尽くし、声が出なくなりたり。夕刻、風やや強くなり、海上少しく荒れ模様。夜間燃料補給、訓練」

と、書いている。

この日、千島列島択捉島《エトロフ》単冠湾《ヒトカップ》にむけて航行中の旗艦「赤城」の一室に、源田実中佐、淵田美津雄中

佐、村田重治少佐という、姓の二字目にそれぞれ「田」の字がついた三人の男があつまっていた。彼らの脳裡には、昨十七日の壮行会における山本長官の言葉の一節が、焼きついていた。

「奇襲が成功すると思ってはならない」——これは、重大な意味を持つ発言であった。二ヵ月足らずの短い間に、生命をけずって実施された猛訓練は、すべて奇襲が成功するという前提の上に立っておこなわれたのであったから、強襲をとらざるを得ないとすれば、おのずから作戦も変わってくる。

奇襲成功の場合は、まず村田雷撃隊長機を先頭に、四十機の日本海軍航空隊から選びぬかれた精鋭雷撃隊が、海面すれすれに降下して、必殺必中の雷撃を開始することから攻撃がきって落とされることになっていて、これには一つも問題はなかった。

だが、強襲となると、そうはいかなかった。

そこで、水平爆撃機隊と急降下爆撃機隊が攻撃を開始した後、低速低空の雷撃機隊が攻撃にうつるのが最上策だというのが、源田航空参謀と淵田中佐の考え方であった。

だが、この案にたいしては、珍しく村田少佐が反対した。

彼は、強襲のさいも、奇襲のそれとおなじように、雷撃隊が真っ先に攻撃したいと主張したのであった。温厚な「ぶつ」にしては、珍しい抵抗であった。

危険度などということは、はじめから呑んでかかっていた。生きて還れるということなど夢にも考えていなかった。

真珠湾攻撃飛行機隊編成区分表

区分：真珠湾攻撃飛行機隊
総指揮官：海軍中佐 淵田美津雄

回次	回次指揮官	集団	集団指揮官	攻撃隊	攻撃隊指揮官	所属母艦	機種	機数	集団機数	兵装	攻撃目標
第1次攻撃隊	中佐 淵田美津雄	第一集団 水平爆撃隊	中佐 淵田美津雄	第一攻撃隊	中佐 淵田美津雄	赤城	九七式艦攻	15	49	九九式八〇号五番（八〇〇kg徹甲爆弾）各機一発	戦艦
				第二攻撃隊	少佐 橋口 喬	加賀	〃	14			
				第三攻撃隊	大尉 阿部平次郎	蒼龍	〃	10			
				第四攻撃隊	少佐 楠見 正	飛龍	〃	10			
		第一集団 特別攻撃隊 雷撃隊	少佐 村田重治	特第一攻撃隊	少佐 村田重治	赤城	〃	12	40	九一式航空魚雷改二 各機一発	戦艦
				特第二攻撃隊	大尉 北島一良	加賀	〃	12			
				特第三攻撃隊	大尉 長井 彊	蒼龍	〃	8			
				特第四攻撃隊	大尉 松村平太	飛龍	〃	8			
		第二集団 急降下爆撃隊	少佐 高橋赫一	第十五攻撃隊	少佐 高橋赫一	翔鶴	九九式艦爆	26	51	（二五〇kg陸用爆弾）各機一発	17機フォード島航空基地 9機ヒッカム航空基地
				第十六攻撃隊	大尉 坂本 明	瑞鶴	〃	25			ホイラー航空基地
		第三集団 制空隊	少佐 板谷 茂	第一制空隊	少佐 板谷 茂	赤城	零式艦戦	9	43	二〇ミリ機銃×二 七・七ミリ機銃×二	フォード島およびヒッカム航空基地
				第二制空隊	大尉 志賀淑雄	加賀	〃	9			
				第三制空隊	大尉 菅波政治	蒼龍	〃	8			ホイラーおよびバーバースポイント航空基地
				第四制空隊	大尉 岡島清熊	飛龍	〃	6			
				第五制空隊	大尉 佐藤正夫	瑞鶴	〃	6			カネオヘ航空基地
				第六制空隊	大尉 兼子 正	翔鶴	〃	5			
第2次攻撃隊	少佐 嶋崎重和	第一集団 水平爆撃隊	少佐 嶋崎重和	第六攻撃隊	少佐 嶋崎重和	瑞鶴	九七式艦攻	27	54	9機250kg陸爆各機1 18機250kg陸爆×1 60kg通爆×1	ヒッカム航空基地
				第五攻撃隊	大尉 市原辰雄	翔鶴	〃	27		18機250kg陸爆各機1 9機250kg陸爆×1 60kg通爆×1	18機フォード島航空基地 9機カネオヘ航空基地
		第二集団 急降下爆撃隊	少佐 江草隆繁	第十三攻撃隊	少佐 江草隆繁	蒼龍	九九式艦爆	17	78	（二五〇kg通常爆弾）各機一発	戦艦 巡洋艦 駆逐艦
				第十四攻撃隊	大尉 小林道雄	飛龍	〃	17			
				第十一攻撃隊	大尉 千早猛彦	赤城	〃	18			
				第十二攻撃隊	大尉 牧野三郎	加賀	〃	26			
		第三集団 制空隊	大尉 進藤三郎	第一制空隊	大尉 進藤三郎	赤城	零式艦戦	9	35	二〇ミリ機銃×二 七・七ミリ機銃×二	フォード島およびヒッカム航空基地 ホイラーおよびカネオヘ航空基地
				第二制空隊	大尉 二階堂易	加賀	〃	9			
				第三制空隊	大尉 飯田房太	蒼龍	〃	9			
				第四制空隊	大尉 能野澄夫	飛龍	〃	8			

機数：第1次攻撃隊 183機、第2次攻撃隊 167機、合計 350機

生死など、どうでもいい。ただ、必中必殺の魚雷一本を、敵主力艦のど真ん中にぶちこめさえすれば……これが、雷撃隊総指揮官としての村田重治の祈りにも似た不動の決意であった。

だが、源田航空参謀と淵田中佐は、頑として自説を曲げなかった。結局、「奇襲の場合は、攻撃隊総指揮官淵田中佐機より信号弾一発を発射し、村田雷撃隊が真っ先に攻撃を開始する。強襲の場合の信号弾は二発とし、急降下爆撃隊、水平爆撃隊が攻撃を開始し、そのあとから村田雷撃隊が突入する」ことに決定したのであった。

それよりも重大なことがあった。それは敵艦隊が艦の周囲に魚雷防御網を張っている場合の攻撃法についてであった。しかし、この場合の攻撃法については、淵田中佐と村田少佐との間で、簡単に意見の一致をみていた。

魚雷防御網を張っている敵艦への雷撃が、効果がないのは当然である。

そのときの方法はただ一つ、先頭機が肉弾となって防御網を爆破するか、全機が敵艦に体当たり攻撃をする。つまり肉弾特攻攻撃を敢行するよりほかに方法がなく、この攻撃方法については、当初から村田重治の腹はきまっていた。

源田航空参謀も、淵田、村田の考えに承認をあたえたが、これは源田、淵田、村田という三人の男だけの了解事項とし、上層部にはいっさい相談しなかった。源田実氏は、「われわれの計画した攻撃が、どのような様相になるかを、前もって決定することは不可能であった。軍事的な可能性を、できるだけ正確に推定し、あとは、運命の神の手にゆだねるしかなかった。われわれの手ではどうすることもできない時間、状況、その他の要素に、あまりにも多く依存していた」と述べている。

艦橋甲板の挿話

千島列島択捉島単冠湾に「赤城」が入港したのは、十一月二十二日朝のことであった。「九一式航空魚雷改二」を佐世保で積んで出港した「加賀」の入港を最後に、真珠湾作戦に参加の第一航空戦隊「赤城」「加賀」、第二航空戦隊「蒼龍」「飛龍」、第五航空戦隊「翔鶴」「瑞鶴」、第三戦隊「比叡」「霧島」ほか、第一水雷戦隊、第二潜水戦隊、第七駆逐隊、補給部隊の総数三十隻の機動部隊が、寒風吹きすさぶ単冠湾への集結を終わった。

『二十四日午前、機動部隊各級指揮官、幕僚および飛行機隊幹部は「赤城」に参集し、南雲長官の訓示を受けるとともに、作戦命令の下達および参謀長依命申進あり、各担当幕僚から、それぞれ担当事項の説明を行なった。

この日の午後は、各飛行隊の指揮官が、それぞれ自分の命令を説明し、相互の打ち合わせ等に費やしたのであるが、午後から湾内は荒れて、各艦の交通が不能となり、機動部隊各艦の幹部搭乗員は、全部「赤城」で一夜を明かすことになった。

何分にも世紀の大遠征作戦をひかえ、生還を期するものはなく、一同心ゆくまで飲み、かつ語って、一夜を過ごした次第である』

と、源田実著『真珠湾作戦回顧録』にあるが、この中の「担当事項の説明」に当たった淵田中佐が、魚雷防御網の備えある場合の敵艦への雷撃について、「先頭機は、防御網を爆撃し、後続機の突撃路をひらく。先頭機の爆撃が奏功しない場合には、各機は防御網を乗り超えて爆撃する」と説明した。この説明が分からないため、南雲長官が突っ込んで説明を求めると、淵田中佐は、

「これは、とくに技術的で特別な攻撃法ですが、搭乗員は了解しています」

と答え、この問題に終止符をうった。そばで村田少佐が笑いをかみころしたような微笑を浮かべて立っていた。

淵田中佐の説明のなかの「とくに技術的で特別な攻撃法」とは、体当たり攻撃であり、もっとも単純で、もっとも凄絶な死の肉弾攻撃であった。前掲「真珠湾攻撃飛行機隊編成区分表」によると、村田重治少佐を集団指揮官とする雷撃隊だけが、「第一集団特別攻撃隊（雷撃隊）」と命名されているが、これは、以上のことを意味して名づけられたものであった。

ちなみに、太平洋戦争において、特別攻撃隊と命名されたのは、岩佐大尉を隊長とする五隻の特殊潜航艇隊と、村田少佐を隊長とする四十機の雷撃隊がその最初であった。

「蒼龍」雷撃機班に選ばれた森拾三氏は、その著『奇蹟の雷撃隊』のなかで、当時の雷撃隊

員の心境について、つぎのように書いている。

『雷撃戦法についていえば、われわれがいままで鹿児島で猛訓練したとおりを的確に行なえば絶対命中疑いなしである。だが、それだけに、こちらが撃墜されるおそれも大いにある。それに、下の方でまごまごしていると、上空の味方機の投下した爆弾の炸裂をもろに受け、吹き飛んでしまう危険がある。どっちにしても、命がけの大仕事だ。

私と同乗する偵察員加藤豊則一等航空兵曹も、電信員早川潤一二等航空兵曹も、ともに甲種飛行予科練習生出身の、元気はつらつとした若者である。日中戦争にも参加していないので、まだ戦地のようすについては何にも知らない。戦争という現実のすがたを見たことがないので、こわいもの知らずといおうか、すこぶる意気さかんである。二人とも、真珠湾攻撃の話を聞き、頰を紅潮させて、

村田少佐の下にあって真珠湾に一弾を投じた森拾三兵曹。

「一発くらわせたら死んでも本望だ。どうせ一度は死ぬ命だもの、でっかい奴と刺しちがえればいいんだ」

などといって、元気なところを見せている。口では簡単に刺しちがえればいいなどと言っているが、魚雷を発射する前に撃墜されてしまったら、どうすることもできないのだぞ。

飛行長楠本少佐の訓示や、その他いろいろの説明

も終わって解散になった。私は、後甲板に出て一服つけた。興奮がまださめないせいか、どうも煙草がうまくない。自分ではすでに一人前のつもりでいるが、まだまだ腹ができていないとみえる。大きく深呼吸をしてみた。のどがからからに乾いて、生つばが出てくるようだ。

〈まず雷撃隊は全滅するだろうな。おそらく一番さきに靖国神社へ行くことになるだろう〉

そんなことを考えながら隊員たちの顔を見渡すと、だれもが真剣そのものの表情をしている。われわれ雷撃隊員とくらべると、水平爆撃隊員の顔は、なんだかひどく晴れやかに見える。彼らは全員、帰ってこられるだろう。お互いに口にこそ出さないが、命がけの大仕事を目前にしているのだから、いささか心の落ちつきをなくすのも仕方のないことである。われわれとて人間なのだから』

十一月二十六日（水）午前六時、南雲艦隊は、単冠湾を出港した。この日、駆逐艦「秋雲」の先任将校千種少佐は、

『きわめて寒し。吹雪。午前六時三十分、湾口の外に出づるや、山にたいし一番砲塔の発射を実施す。砲弾は大音響をたてて炸裂し、山腹に暗褐色の爆発煙を認む。波きわめて高し。艦の傾斜、十度より二十度に達す。北西の風、風速毎秒五ないし十メートル』

と、日記に認めた。

荒天をついて出撃した南雲艦隊は、ゴードン・W・プランゲ教授の筆を借りると、

『世界の海戦史上で、いかなる国も、この艦隊ほど強力な母艦機動部隊を集結させたことはなかった。それは、巨億の富を持つアメリカや、長い輝かしい伝統を誇るイギリスをもってしても、あるいはまた科学的なドイツや、その他いかなる国をもってしても、いまだかつてないほど強力な母艦機動部隊だったのである。

世界の近代国家の仲間入りをしてからまだ一世紀にもならず、資源に乏しく、経済も貧弱だったが、日本が、それにもかかわらず、六隻の航空母艦とその支援部隊とをうって一丸とし、恐るべき破壊力を仕立て上げて、いま、ホノルルへの海路を進航しているのであった。

しかも、この渡洋母艦機動部隊は、日本海軍の独創になるものであった。それは、ある種のアメリカの分析家たちが言っていた神話――すなわち素質が劣っているうえにバランスがとれておらず、柄に合わぬ成りあがり者である日本海軍――の姿では、けっしてなかった。

これこそ、艦艇、砲力、魚雷力、航空力、そして、それを動かす人力を集大成し、渾然とした、しかも、きわめて強力な、真の海上兵力を形成しているのであった』

という、史上最大、最強の機動部隊の大出撃であった。

村田重治少佐は、十一月二十三日、「赤城」における作戦会議の席上、ハワイの現地視察から帰ったばかりの軍令部の鈴木英少佐の言葉を、はっきりと耳に残していた。

〈真珠湾口には、機雷は敷設されていないが、潜水艦防御網の展張装置は完備しているらしい〉

果たして、敵主力艦の周囲に、魚雷防御網は設置してあるのか、ないのか。

雷撃隊の若い搭乗員たちが、頬を紅潮させて、《一発くらわせたら死んでも本望だ。どうせ一度は死ぬ命だもの。でっかい奴と刺しちがえればいいんだ》と、たのもしいところを見せているのを、重治はよく知っていた。

しかし、その彼らも、一人になったとき、《まず、オレたち雷撃隊は、全滅するだろうな。おそらく一番さきに靖国神社へ行くことになるだろう》と、人間らしい思いにとらわれていることも、また重治は察していた。

「彼らを犬死にさせてはならぬ」――これが、重治のいつわらぬ心境であった。

一人、居室にもどった村田少佐の苦悩はつづいた。

十一月二十七日、千種少佐は、

『午前十時半昼食、午後二時三十分夕食。きわめて早し。食事をすることだけが、われわれのすることの全部のごとし』

と、日記に記した。

「赤城」では、淵田中佐は、微笑をうかべて搭乗員たちの間を激励してまわり、意気さかんな村田少佐は、若い搭乗員たちの間にはいって冗談を飛ばし、みんなを笑わせつづけていたそうである。

村田少佐は、ともすれば沈思黙考におちいりがちな雷撃隊員たちの士気を鼓舞し、心の余裕をもたせ、平静をたもたせるために、「冗談を飛ばして、みんなを笑わせつづける」努力をしつづけたのだと、私はそう思う。まして、周囲を明るくなごやかにする天性の素質は、「ぶつ」の本領とするところであった。

昭和26年11月26日、機動部隊は単冠湾を出撃した。写真は、「赤城」から後続の「加賀」「瑞鶴」を望んだものである。

ここで、源田実著『真珠湾作戦回顧録』より引用させていただく。

『航海中、「赤城」の艦橋甲板は、飛行将校たちのたむろする場所であり、雑談の花を咲かせていたのであるが、その中心は、いつも「ぶつ」(村田少佐)であった。どんなに皆が沈痛な気持でいるときでも、彼があらわれると、座が明るくなるのであるから、まったく大した存在であった。

十六年十一月の末、アリューシャン列島の南方海面を、粛々として機動部隊が東進をつづけていたときのことである。

攻撃計画のなかで最大の期待をもたれているのが雷撃隊で、その雷撃隊が一番槍をうけたまわっていたのであるから、雷撃隊の指揮官村田少佐は、一番槍のそのまた一番槍でもあったのだ。その「ぶつ」に、私が注文をつけた。

「おい、ぶつ。君は真っ先に攻撃するのだから、敵の旗艦を狙わなければならん。それも、長官室の真下に魚雷をぶち込んでもらいたいんだ」

「そうだ、そうだ」

と、まわりにいた淵田とか千早などという連中も同意した。

「えっ！　じゃキンメルがですね、朝食のコーヒー・カップを、こういうふうに半分持ち上げたところに、どかんとやらなければならんのですね。こりゃ困った。参謀、楽じゃないですよ」』

この挿話は、じつに生き生きと「ぶつ」こと村田重治の人間像を描写している。

荒海にもまれて大揺れに揺れる「赤城」の艦橋甲板上で、刻一刻と迫る大決戦を前に、ともすれば沈痛な表情で黙りがちになる飛行将校たちの中心に座って、雑談の花を咲かせ、みんなを笑わせるなどという芸当は、どう考えても、なみの人間にやれることではなかった。

だが、これこそ、「ぶつ」の本領であった。これこそ村田重治の表に出した姿であった。

しかし、一人、居室にいるときの村田重治は、おそろしいほど真剣な、沈思の人であった。

大時化の海を征く

ハワイをめざす南雲艦隊が、最初に出会った大障壁は、北方航路特有の大時化《しけ》であった。

九月上旬、ハワイ作戦の航路研究がおこなわれたさい、北方航路を推薦する源田航空参謀にたいし、南雲長官は、

「航空参謀、バカなことをいうものじゃない。北を通ろうとしても、艦が歩けないよ。君は北、北というけれども、北を通れば、艦そのものが時化で壊れてしまうよ」

と、いったことがあった。だが、実際、単冠湾を出撃して、北方航路の大時化のなかをもみくちゃにされながら、艦隊はハワイをめざして進んだのであった。

当時「翔鶴」の水平爆撃隊員であった大久保忠平氏は、

「荒天がつづきますと、格納庫の中の車輪を締める鎖が、揺れるたびに、ギギッ、ギギッと音がするのがすごく印象的で、真珠湾というと、いまだにあの音を思い出しますよ。飛行機が、ズズッ、ズズッと……」

と述べ、これにつづいて、当時「蒼龍」水平爆撃隊分隊士であった山本貞雄氏は、

「とにかく、格納庫の隔壁が揺れるのでしょう。ドーンと波がぶつかり、鉄の壁がふくれるんだから」

と座談会で述べているのを読んでも、いかに北方航路の大荒海がすさまじいものであったか、想像もおよばない。

『濃霧のため太陽を拝めず、体中がじめじめして、汗と埃で、だれの顔も黒ずんでいる』

と、「蒼龍」雷撃班員の森拾三氏は書いている。

艦のスクリューが波の上に出てカラ回りすると、艦はまるで地震のように、がくがくと、

どこからともなく音を出して揺れたそうである。

旗艦「赤城」では、士官の寝坊封じのための妙策として、十一月三十日、艦内食堂に貼紙が貼られた。そこには、

「爾今、朝食ハ、〇四〇〇以後、撤饌《てっさん》」

〇四〇〇（午前四時）までに朝食をとらないと、朝食がとれなかったわけである。ちなみに、記録によると、昼食は〇九〇〇、つまり午前九時であった。それとは別に、「赤城」士官室甲板での貼紙には、

「煙草の灰や、吸殻を床に捨てるものは、入浴止め一回に処す。靴にて踏みにじるものは二回に処す」

と書かれていた。

淵田攻撃隊総隊長は、「赤城」の全搭乗員に、真珠湾をやっても、日本に帰るまでは酒を飲むことを許さぬという命令を出した。これは、アメリカの雑誌で、日本海軍航空隊は恐るべき相手であるが、パイロットが酒をのんでいるあいだは、たいしたことはないと書いてあったのを、淵田中佐が読んだからであった。

「そうしたら、十二月二十三日に日本に帰るという予定を、だれか知りやがって、カレンダーに盃と徳利の絵が描いてあった」と、淵田美津雄氏は述べている。

第三戦隊の戦艦「比叡」では、「太平洋夜話」と題した春画展をやっていたが、「加賀」の戦闘機分隊長であった志賀淑雄氏は、「比叡」から春画をとりよせ、それに四国のお寺に

あった絵を拡大して色をつけた自慢の自作の絵をくわえて、春画展を開催した。われながらきれいにできたそうである。

その間も、南雲艦隊は荒波にもまれつづけ、そうしたなかでの給油は困難をきわめた。しかし、全軍の士気には、いささかの衰えもなかった。


十二月二日午後五時三十分、広島湾柱島泊地にあった連合艦隊司令部で、宇垣参謀長は、上京中の山本司令長官に代わって、全軍に暗号電報を打電した。

「ニイタカヤマノボレ　一二〇八」

「開戦日は十二月八日と決定せらる。予定のとおり攻撃を決行せよ」という隠語であった。

この瞬間、戦いの矢は、弦をはなれたのであった。

「今夜中ニハ大体全軍ニ到達セン。我連合艦隊ノ将士以テ如何ノ感ヲカ致ス。冀《こいねが》クバ我等ト共ニ、真ノ死力ヲ尽クセ。麾下計リガ死地ニ投ズルニ非ズ。吾等モマタ遠カラズ然ラン。凡テハ君ノ御為、国ノ為ニ」

と、当時のことを宇垣参謀長は、日誌『戦藻録』に書いた。

南雲艦隊の旗艦「赤城」の電信員が、待ちに待った「ニイタカヤマノボレ　一二〇八」の電波をキャッチして、その紙片が草鹿参謀長の手に渡されたとき、南雲長官と草鹿参謀長の二人は、顔を見合わせてうなずきあった。

心の中のシコリが消えて、一片の雲もない空に輝やく秀月のような心境であったという。
淵田美津雄氏は、その間の状況を、
「二十六日に出発したときは、司令部の方では戦争がはじまるかどうかが、まだわからない状態だったらしいが、われわれとしては、百パーセント戦争だと思っておったね。あのとき戦争はやめだといって引き返したら、長官を海にでも放りこんでやろうかと……」
と、座談会で話している。この淵田氏の言葉からしても、飛行機隊搭乗員の士気が、頂点に達していたのが容易に推察できる。
十二月四日、午後三時五十分、機動部隊に軍令部からA情報がとどいた。その内容は、つぎのとおりであった。
「A情報　十二月三日午後十一時発信。
十一月二十九日午後（ハワイ時間）真珠湾在泊艦左ノ如シ
A地区
KT　ペンシルバニア、アリゾナ
FV　カリフォルニア、テネシー、ウエストバージニア、メリーランド
KS　ポートランド
入渠中　甲巡二、駆逐艦一、潜水艦四、駆逐母艦一、哨戒艇二、重油船二、工作艦二、
掃海艇一
B地区

FV　レキシントン、その他ユタ、甲巡一（サンフランシスコ型）、乙巡二（オマハ型）、
　　砲艦三
C地区　甲巡三、乙巡二（ホノルル型）、駆逐艦十七、駆逐母艦二
D地区　掃海艇十二
E地区　ナシ
十二月二日午後（ハワイ時間）変化ナシ。未ダ待機ノ情勢ニアリトハ見ヘズ、乗員ノ上陸モ平常通リナリ」

この電報の情報源は、ハワイに駐在していた吉川猛夫予備役海軍少尉（ホノルル総領事館の森村書記生と名のる）であった。

A情報をうけた村田重治少佐は、思わずニヤリとした。

増田正吾「赤城」飛行長。士官室の様子を日記に認めた。

一番気がかりであったのは、魚雷防御網設置の有無であったが、敵主力艦群の碇泊隊形は、それにも負けず重要な課題であった。

「赤城」の増田正吾飛行長は、十二月四日の日記につぎのように記している。

『十二月四日

朝来、風雨強し、風速は三十メートルに及び、雨は盆をくつがえすが如し。航路の前途は尋常でない。

信長、元就ともに、夜の暴風雨をついて成功した。われらもこれに倣《なら》うであろう。

午前五時、針路百四十五度、D点に向かう。

布哇総領事報来る。

「十二月二日、在泊艦艇ノ主ナモノ。戦艦六、オヨビ〈レキシントン〉、甲、乙巡各数隻、碇泊地点××、出動ノ気配ナク、水兵ノ上陸モ平常ト異ナラズ」

士官室の軍議にも花が咲く。

中で、一番碇泊隊形が気がかりな村田雷撃隊長も喜色満面、

「こうわかっては、しめたものだ。これに何本、これに何本……。これで全滅か。上陸帰りの寝呆け顔で、うろたえさわぐ態《ザマ》が、目に見える」

板谷戦闘機隊長、両手をさし上げて、

「ああ、腕が鳴る」

淵田攻撃隊長、自信満面、

「前続隊がやりすぎて、爆煙で目標が見えんと楽じゃないぞ」

暴風雨、ますます猛り狂い、揚旗線は唸りを立てている。

戦闘旗の半分は、すでに千切れてしまった』

この増田飛行長の日記の中の村田重治少佐は、喜色満面、これに何本、これに何本と、命中魚雷の計算をしていたところから推察すると、魚雷防御網の展張装置の有無については、まったく眼中にないような発言とうけとられても致し方がないようである。

だが、四日現在の状況はその逆であったのだから、私は、村田少佐が、どうせ生命は投げだすのだという前提の上に立って、この障害を超越して雷撃効果の推定をやっていたと思えてならないのである。

艦内も、南下にともなって、日増しに暖かくなり、やがて、それが暑さと変わった。

十二月五日、南雲艦隊の位置は、経度の上ではすでにハワイに接近していた。

六日朝、ハワイ・オアフ島では、吉川少尉が、

「阻塞気球ナシ。戦艦ハ魚雷防御網ヲ有セズ。ラジオ通信状況ヨリミテ、ハワイ諸島方面ニ洋上飛行哨戒ノ兆候ヲ認メズ。係留艦上ニ阻塞気球ナシ。空母レキシントンハ、昨日（ハワイ時間五日）出港、飛行機ヲ収容セリ。同ジク、エンタープライズモ、飛行機搭載中ト認ム」

という電文の暗号電報を打電した。これこそ、村田重治雷撃隊長にとって、何ものにもまさるすばらしい贈り物であった。

その後、吉川少尉は、真珠湾碇泊の米国太平洋艦隊の観察を行ない、この日二度目の暗号電報を打った。

「十二月六日（ハワイ時間）ノ在泊艦左ノ如シ。戦艦九、乙巡三、水上機母艦三、駆逐艦十七。入渠中ノモノ乙巡四、駆逐艦三。空母オヨビ重巡ハ全部出動シアリ。艦隊ニ異常ノ空気ヲ認メズ。オアフ島ハ平静ニシテ灯火管制ハナシオラズ」

これが吉川少尉の最後の打電となった。ホノルル総領事館森村書記生と名のってつづけた

彼のすばらしいスパイ活動も、この日の二通の暗号電報で終わりを告げた。

最初の暗号電報が、海軍の暗号になおされて軍令部から南雲艦隊にあてて発信されたのは午後五時のことであった。二度目の暗号電報は、一時間おくれて、午後六時に発信された。

そして、この暗号電報の末尾には、富岡作戦課長によって、

「大本営海軍部ハ必勝ヲ確信ス」

と、つけくわえられた。

この二通の電報は、南雲長官をはじめ関係幕僚、飛行機隊指揮官を喜ばせるに充分な内容をもっていた。

ことに源田実航空参謀、淵田美津雄攻撃隊総指揮官、村田重治雷撃隊指揮官にとっては、文字どおり、願ってもない、まったくすばらしい電報であった。

真珠湾碇泊の敵主力艦隊には、魚雷防御網が張られていなかった。そのうえ、阻塞気球も揚がってはいない。

「ようし!」と、村田少佐は頰を紅潮させて、力強く短い言葉をはいた。

そのときはきた!

攻撃隊総指揮官淵田中佐が起床したのは、十二月七日午後十時（ハワイ時間午前五時）で

あった。

依然として、うねりは高かった。

飛行服に身を固めた淵田中佐が、士官室に入ると、すでに先客があった。村田少佐であった。

彼は、すでに用意をととのえて朝食をとっている最中であった。

出陣の祝いに用意されたこの日の朝食には、赤飯と尾頭つき、それに勝ち栗まで添えてあったという。

「おはよう、隊長」

食べるのをやめようともせず、遠足に出かける前の小学生のように、いかにも嬉しくてしようがないといったような、彼特有のいたずらっぽい目を向けた村田少佐は、

「淵田さん。ホノルルは眠っていますよ」といった。

となりの椅子に座りながら、淵田中佐が、

「ぶつ。どうしてそんなことが分かる」

と聞くと、村田少佐は、

「ホノルルのラジオは、ソフト・ミュージックをやっています。こりゃ、すべてがうまくいっている証拠じゃないですか」

といって、箸をオーケストラの指揮棒のように振り出した。淵田中佐は、思わずふき出しながら、真珠湾攻撃の一番槍の先頭に立つこの男を、あらためて、たのもしく見なおしたの

であった。

そのころ、航空参謀源田実中佐は、艦橋に立っていた。彼は、その日、午後六時から八時までの間、わずか二時間、眠っただけであった。

その日から四日間、源田航空参謀は、不眠不休で、「赤城」の艦橋と作戦室に詰め切っていたのである。彼の目は血走り、もの凄い形相であった。

源田航空参謀の眼下で、飛行甲板いっぱいに並べられた零式艦上戦闘機、九九式艦上爆撃機、九七式三号艦上攻撃機が、排気管から青白い炎を出し、ゴーッという轟音を響かせて、いっせいにエンジンの試運転を開始していた。


八日午前零時、出撃準備をととのえた搭乗員たちがぞくぞくと、飛行甲板下の搭乗員室に集まってきた。

源田航空参謀の目には、どの搭乗員も、これほどの大事をひかえている男たちとは思えないほど静かな顔つきをしていたし、ニコニコ笑いながら話しあっている姿が、じつにたのもしく映ったそうである。

そこへ、総指揮官の淵田中佐が入ってきた。彼は、もちろん平素と少しも変わったところがなかった。源田航空参謀が、

「おい、淵！　頼むぞ！」

と声をかけると、

「おッ！　じゃ、ちょっと行ってくるよ」

と、まるで隣りにタバコか酒でも買いに行くような格好であったという。

三十五人の雷撃隊員に囲まれた村田雷撃隊長は、晴れ晴れとした明るい顔で、若い搭乗員たち一人一人に冗談をとばしていた。

十二月八日午前零時四十分、第一次攻撃隊搭乗員整列の声が、拡声器を通してひびき渡った。

飛行甲板上の九七式三号艦攻の胴体下には、三菱兵器製作所員の心魂がこめられた「九一式魚雷改二」がしっかりと抱かれていた。

淵田総指揮官は、「赤城」乗組員から贈られた白鉢巻を、飛行帽の上から、きりりと結んだ。

そのときであった。旗艦「赤城」のマスト高く「DG」の信号旗が揚がった。Z旗であった。

「皇国ノ興廃此ノ一戦ニ在リ各員一層奮励努力セヨ」

Z旗と並んで、ついで戦闘旗が揚がった。

南雲艦隊は、その瞬間、燃えあがるような感動と興奮につつまれた。

村田雷撃隊長は、愛機の操縦席に足をふみいれた。

偵察員席には、飛行兵曹長星野要二、電信員席には一飛曹平山清志がすでに搭乗していて村田隊長をまっていた。

午前一時三十分、ついにそのときは来た。

母艦乗員の歓呼の中を、まず制空隊指揮官板谷少佐の乗機、零戦が発艦、すこしおくれて「加賀」戦闘機隊分隊長志賀淑雄大尉の零戦も発艦した。

板谷指揮官機につづく零戦隊、淵田総指揮官機を先頭とする水平爆撃隊、高橋指揮官機につづく急降下爆撃隊が引きつづいて発艦した。

万歳の声も、全開したエンジンの音で消えた。

村田雷撃隊長機は、過荷重発艦のために、離艦と同時に機が沈んだが、一瞬、機首をもちなおして上昇した。精鋭の部下たちが、それにつづいた。

淵田総指揮官機のオレンジ色の識別灯は、他の飛行隊指揮官機の黄色のそれとは、よく見分けがついた。

全機が発艦を終え、旗艦「赤城」の上空千メートルの集合地点に、戦闘機、水平爆撃機、急降下爆撃機、雷撃機の合計百八十三機が、編隊を組んで集合するまでの所要時間は、わずか十五分であった。

旗艦「赤城」の艦橋では、南雲長官と、草鹿参謀長が、一直線にオアフ島めざして飛んでいく大編隊に視線を集中していた。

傍らに立った源田航空参謀は、流れでる涙をぬぐおうともせず、鋭い形相で大空の一点をみつめていた。

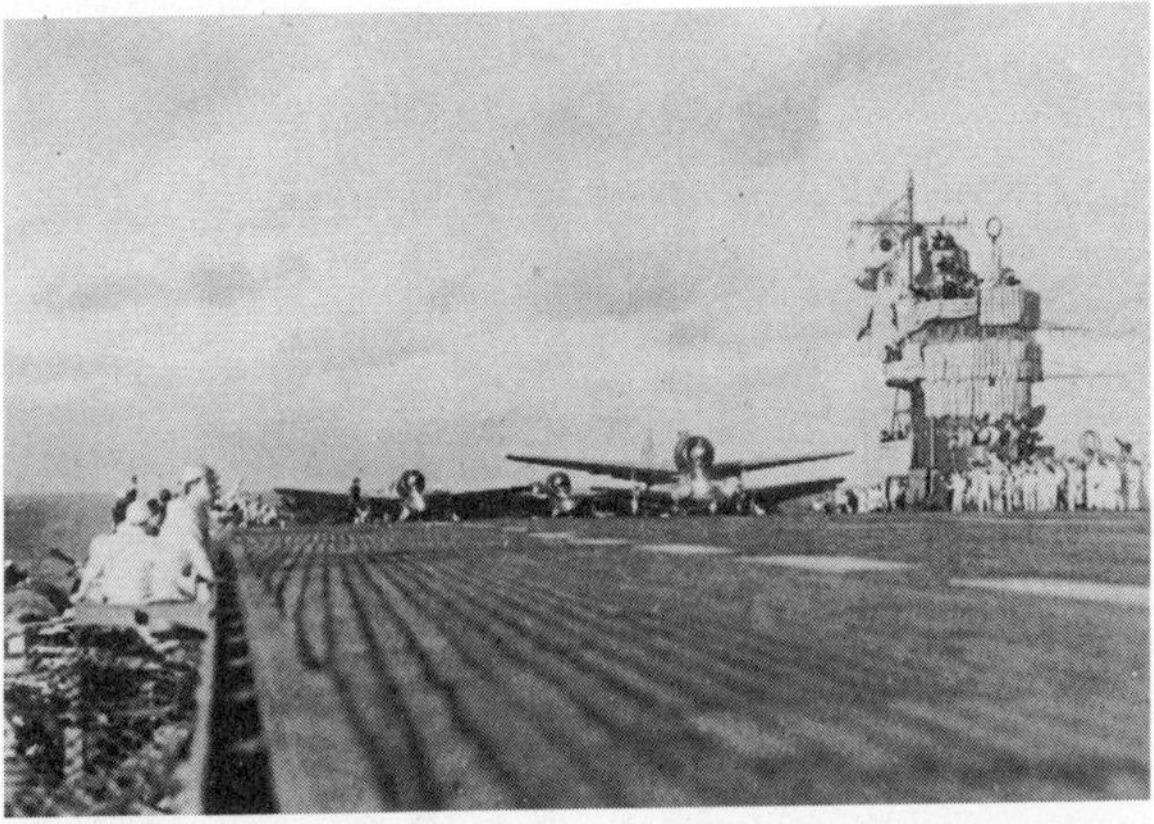

昭和16年12月８日、旗艦「赤城」のマストにＺ旗があがり、板谷茂少佐機を先頭に零戦部隊が発進する。零戦がまさに滑走をはじめているシーン。

彼は、長官室のそばにあった赤城神社に、

「どうか、この作戦を成功させて下さい」

と祈った。やがて、この祈りの言葉は、

「私の命は、どうなってもかまいません。どうか、この作戦を成功させて下さい」

に変わり、二、三日前から、

「私を殺して、この作戦を成功させて下さい。お願いいたします」

という、つきつめた願いになっていた。

それが、そのときには作戦成功にたいする欲望も、失敗にたいする心配もなく、まったくすがすがしい、澄んだ気持になっていたという。

ただ、飛行帽をかぶり、「赤城」艦橋で攻撃隊の帰還を待つ源田実航空参謀の当時の写真には、近よりがたい烈帛の気迫が漲《みなぎ》っていて、生死を超越した戦う男の美しさが、見る人の心を打つのである。

眼下の真珠湾

百八十三機の大編隊は、真っ赤にのぼる太陽の光につつまれながら、一直線にハワイ真珠湾めざして、飛行をつづけていた。

大編隊の中心には、戦艦攻撃用八百キロ徹甲爆弾一発ずつを抱いた水平爆撃機隊（九七艦攻）四十九機が、三千メートルの高度を保って飛行をつづけていた。

その先頭を飛ぶ機の垂直尾翼の三本の黄帯の間に記された「ＡＩ――３０１」の数字が、総指揮官機を示すもので、淵田中佐の愛機であった。

その右側には、高度を二千八百メートルにとって、雷撃隊指揮官村田少佐が率いる四十機の雷撃機が四群に分かれ、各群二百から五百メートルの間隔をとって飛んでいた。

左側には、急降下爆撃隊指揮官高橋少佐が率いる九九式艦爆五十一機が二群に分かれて高度三千五百メートルで飛行をつづけ、これら三編隊群の上空を、制空隊指揮官板谷少佐が、零戦で編成した制空隊四十三機を三群に分けて、前後左右をジグザグにスイープしながら警戒に当たっていた。

真珠湾停泊の米主力艦群雷撃については、すでにいくつもの著作があり、中でもゴードン・Ｗ・プランゲ著の『トラ・トラ・トラ』での内容は詳細をきわめている。源田実氏も、

97　眼下の真珠湾

第一波攻撃隊の猛攻により燃える米太平洋艦隊の根拠地パールハーバー。村田少佐が撮影。村田機は戦艦ウエストバージニアに魚雷を命中させた。

「飛行機隊が発進して、未曾有の大奇襲攻撃を行なった実況については、攻撃隊の生き残りの人の著書もあるし、リーダーズ・ダイジェスト社発行の『トラ・トラ・トラ』にも詳しく記載してある。ことに映画『トラ・トラ・トラ』は、実況にもっとも近いものであろう」と述べている。

ただ、各著書によって「時間」にいささかの差を生じているようである。私は、『実録太平洋戦争』の中から、とくに淵田中佐の手記に出てくる「時間」（村田雷撃隊長機の魚雷発射の時間ほか）を参考としてとりあげることとした。

村田家に残されている写真資料の中の「真珠湾攻撃関係写真」を見ると、雲が低くオアフ島をおおっているようすがよく分かる。

事実、オアフ島をおおっている積雲の層のため、下が何にも見えず、淵田総指揮官は、〈どこに真珠湾、行きよったか〉と、思ったそうである。

ただ、このとき、淵田総指揮官機だけに積んでいたアメリカ製のクルシーという方向探知器が、ホノルルのラジオを指した。苦しいときに使うから、クルシーだと、冗談を言っていたというが、これなら間違っても、ラジオ・ステーションの上空に到達することができる。

安堵した淵田総指揮官がラジオをまわしたら、つごうよく、「真珠湾上空は晴れていて、視界良好《ビジビリティーグッド》」という気象通報が英語で流れてきた。

そのときだった。淵田総指揮官の言葉をかりると、それは、「ポカッと下に出てきた」のであった。あまりに美しい青い海と緑の島に、攻撃隊搭乗員たちは思わず息をのみ、感動をさえおぼえたという。

淵田総指揮官が発射した一発の信号照明弾を、雷撃隊の先頭を飛んでいた村田重治少佐は余裕をもって確認し、ただちに突撃態勢に入った。

同時に、淵田総指揮官機の電信員だった水木徳信一等飛行兵曹は、淵田中佐の命をうけて、歴史的な「全員突撃せよ」の電信を打った。「ト・ト・ト」とつづく、いわゆる「ト連送」であった。

時まさに、午前三時十九分であった。

上空を警戒中であった零戦制空隊は、奇襲の信号照明弾を確認したが、艦爆隊、艦攻隊と速力が違い、すぐ飛び出すと出すぎてしまうために、ゆっくりと高度をとって、敵機を警戒していた。

間違いは、ここにはじまったのであった。

制空隊が定められたとおりの行動をとらないのを見た淵田総指揮官は、制空隊が気づかなかったのだと思い、零戦隊に向けて、もう一発の信号照明弾を発射した。

急降下爆撃隊指揮官高橋赫一少佐は、十秒おいて発射された信号弾の二発目を、信号弾二発の強襲の合図だと誤って判断し、すぐさま部下を率いて、真っ逆さまにフォード島およびヒッカム基地に突っ込んでいった。

真珠湾の様相は、完全な奇襲成功で、強襲と錯覚すること自体が、不自然な状態であったから、淵田中佐が、〈それを、高橋の野郎ッ〉と、怒るのも無理のないところであった。

午前三時二十分、九九式艦爆の胴体を離れた二百五十キロ陸用爆弾が炸裂した。この瞬間、村田雷撃隊にあたえられていた一番槍の使命は、二百五十キロ爆弾とともに、無残にも炸裂してしまったのであった。

高橋急降下爆撃隊の、まさかと思ったこの急降下爆撃を目撃して——それが高橋少佐の錯覚だと直感で悟ったうえであったが——その瞬間、村田雷撃隊長の怒りは爆発した。

彼は、雷撃隊を率いてオアフ島バーバースポイント飛行場の真上にあたる上空の地点で、編隊を二つに分けた。村田少佐の率いる一群は、ヒッカム基地の上空から海面すれすれに急降下して、湾内のアメリカ主力艦群雷撃のコースをとり、他の一群は真珠湾の西へ回った。

午前三時二十三分、淵田総指揮官の命をうけた電信員の水木一等飛行兵曹は、「トラ・トラ・トラ」（ワレ奇襲ニ成功セリ）を発信した。


村田少佐は、怒り心頭に発していた。しかし、時がどのくらいすぎたのか、おそらく寸秒の間に、彼はすべての神経を元の状態に復する努力を、無意識のうちに働かせていた。そして、このことは、彼の部下もまったく同様であった。

村田雷撃隊は、ヒッカム基地上空で、各機千メートル間隔の、魚雷を抱いた一本の棒となった。すべては、あっという間の時間であった。

制空隊の志賀淑雄大尉は、上空から村田雷撃隊の突撃を見た。

「上から見ると、雷撃機の進むのが非常におそく見えて、まるでアリが地面をはっているようだった。湾内のアメリカ艦隊は美しかった。ちょうど子供のおもちゃのようで、けっして攻撃してはならないもののように見えた」と、彼は述べている。

目の前に、二隻ずつきれいに並んだ戦艦群が、みるみる大きくなってきた。

村田雷撃隊長は、オクラホマ、ウェストバージニアと、外側に並んで係留されていた戦艦のうち、最新型戦艦「ウエストバージニア」を目標に選んだ。（キンメル提督の旗艦「ペンシルバニア」はドックに入渠中で、雷撃は不可能であった）

「さあ、いくぞ！」

村田少佐は怒鳴った。

海面すれすれの高度を保ち、速力百三十ノットの水平直線飛行にうつった。それは、まるで弦を離れて空を截《き》る一本の矢であった。

村田少佐の視界いっぱいに、ウエストバージニアの巨体が、ものすごいスピードで飛びこんできた。

「用意！」

「てッ！（発射っ！）」

その瞬間、村田機が、ひょいと浮き上がった。時、まさに午前三時二十七分であった。

力いっぱいに操縦桿を引き、マストすれすれに機をかわして、村田少佐は、後ろを振り返った。村田機から発射された「九一式魚雷改二」は、浅く短い真珠湾の水中を、ものすごい速力で突っ切って、戦艦ウエストバージニアにみごと命中、マストの三、四倍もの高さの大水柱をあげた。

「当たったぞオ！」

村田少佐は怒鳴った。後部席から、

「当たりましたッ！」という偵察員、飛行兵曹長星野要二の感激の叫びが起こった。

源田航空参謀に対する村田少佐の言葉をかりると、

「気がついてみると、まわりは敵弾が火を曳いて走っているのです。

おっとっとお！と、大急ぎで、その場を飛び出しました」

という状態で、その言い方が、まるで落語でも話すような調子であったらしい。

村田雷撃隊長機につづいて、後続機がはなった魚雷も、つぎつぎと水柱をあげはじめた。

村田機の雷撃を、上空から目撃した志賀大尉は、

「舷側に大きな水柱が上がるのが見えた。雷撃機が、つぎからつぎへと低空で魚雷を発射するのが、ちょうどトンボが水面に卵を産みつけているかのように見えた」と述べている。

敵弾が村田機の周囲に炸裂しはじめた。〈おっとっとお〉と、コッケイなかけ声をだしながら、村田重治少佐は、対空砲火をさけ、高度をとるため、上昇をつづけながら、

「平山電信員！『赤城』へ打電！ワレ、敵主力ヲ雷撃ス、効果甚大！」と命令した。

眼下の真珠湾は、いまや、瀕死の形相を呈して、まっかに燃えていた。

村田雷撃隊長機からの電信は、旗艦「赤城」に真っ先に入電した。当時の模様を、源田実氏は、

『全攻撃隊の中で、一番先に入ったのは、村田雷撃隊長の報告である。

「われ、敵主力を雷撃す、効果甚大」

この電報を受け取ったときほど、うれしかったことは、私の過去にはない。しかし、「赤城」の艦橋における表情は、静かなものであった。

南雲長官、草鹿参謀長以下、各幕僚がいたが、みんな顔を見合わせてニッコリとした。私と真正面で見合った南雲長官の微笑は、いまでも忘れることができない。これで、長い年月にわたる苦しい鍛錬が報われたのである』

と、その著『真珠湾作戦回顧録』のなかで書いている。また、源田氏は、

『われわれが海軍に入って今日まで、ただただ今日このことをなさんがために、苦しい訓練をつづけてきたのだ。

「十年兵を養う、ただ一日これを用いんがためなり」という古語に、このときほど実感をもったことはない』

と、書いておられるが、まことに源田氏ならではの実感のこもる述懐である。

淵田美津雄中佐。全飛行機隊指揮官として任を果たした。

凱旋のとき

真珠湾作戦を終了した南雲艦隊のうち、第一航空艦隊が広島湾の柱島錨地へ帰着したのは、昭和十六年十二月二十三日で、これは、「赤城」のカレンダーにいたずらがきされた盃と徳利の絵の日と的中していた。

喜びにあふれる淵田中佐をはじめとする空母搭載機に搭乗した勇者たちは、愛機の操縦桿をとって、鹿児島県鴨池基地へ一直線に飛んだ。

鴨池基地は、喜びと興奮でわきたっていた。待ちにまった日本酒解禁の夜がきた。その夜、母艦搭乗員たちは、午前一時まで痛飲している。文字どおり、飲めや歌えの大痛飲となったようである。

翌二十四日、山本司令長官のもとへ飛ぶために、淵田中佐は九七艦攻に乗った。だが、彼は大変な二日酔いであったため、いくらか二日酔いのかるい村田少佐に操縦桿をとらせ、自分は後部席に座って酔いをさますことにした。

戦争はまだ、はじまったばかりだというのに、この日の鴨池基地から岩国基地までの飛行は、村田重治にとって生涯ただ一度の、最高に気分のいい飛行であったに違いないと思う。多分、村田重治は、都々逸でも歌いながら操縦桿を握ったのではないかと、私には、そんな気がしてならないのである。

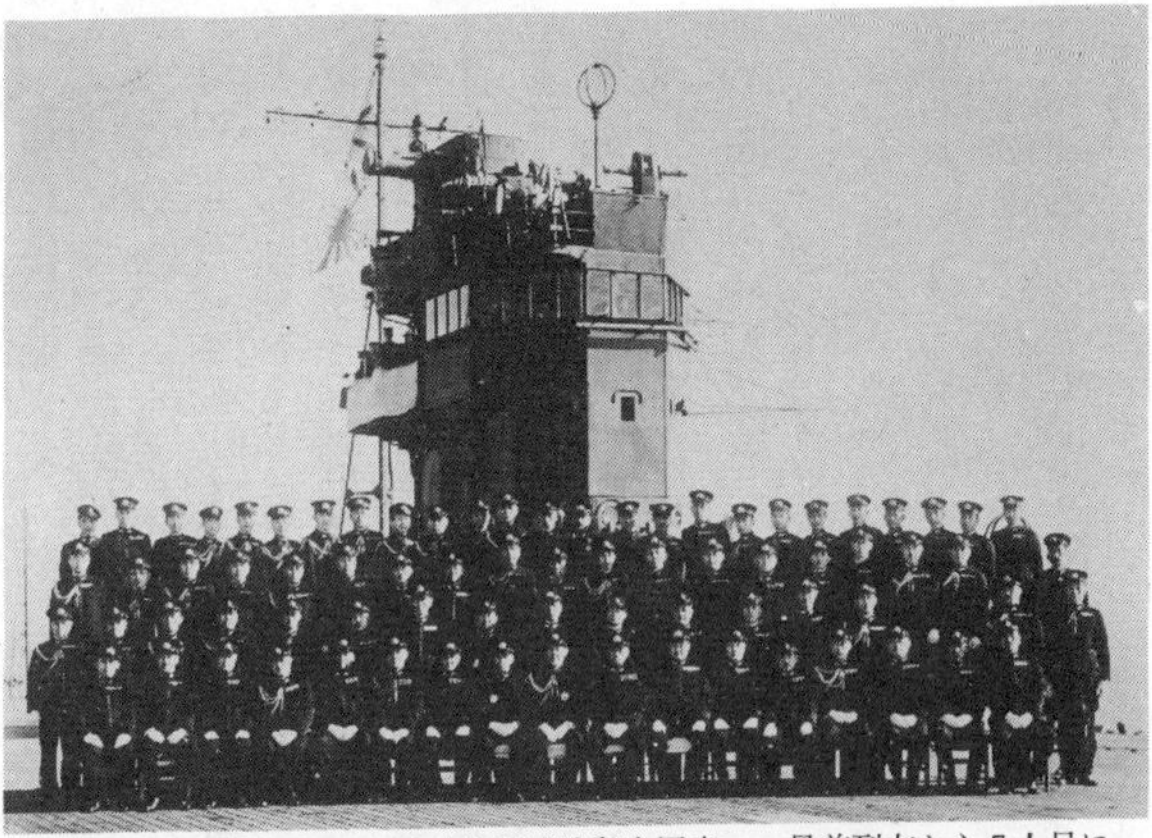

「赤城」で撮影されたハワイ作戦戦勝記念写真――最前列左から７人目に南雲中将、片桐中将、永野軍令部総長、山本長官。最後列左が村田少佐。

淵田中佐と村田少佐の二人は、岩国基地に九七艦攻をあずけ、内火艇に乗って母艦「赤城」へ帰艦した。

「赤城」には、連合艦隊司令長官山本五十六大将をはじめ、永野修身軍令部総長が来艦していて、甲板上での記念撮影ののち、士官室で祝勝会が行なわれた。するめ、勝栗、冷酒の質素なパーティーであった。

「赤城」の司令塔を背景にして、甲板上で撮影されたこの記念写真は、多くの関係誌にも発表されておなじみの写真であるが、最前列中央の山本司令長官と永野軍令部総長を中心に七十七名の海軍の将官、佐官が四列に並んで写っているなかで、村田重治は、最後列左端に立って写っている。

村田重治が、十二月二十六日付、岩国基地より、郷里島原の実弟正二氏へあてた書簡がある。

「拝啓

久しく御無さたしました

その後皆々様御変りも無き事と存じます

愈々《いよいよ》大東亜戦争も始まり我々の桧舞台となって来た様です　小生も　今回○○艦隊にて長駆ハワイを衝き開戦劈頭　雷撃隊を率いて敵主力艦群に対して会心の攻撃を加へ　只今無事当地に引き上げて来ました　全く御稜威《みいつ》の下天佑神助の致す所　感激にたへません　又すぐ何れかへ出動する筈にて益々勇戦奮闘の覚悟です

全く皇軍の向ふ処敵無く　戦争勃発以来　暗雲一掃して曇天に碧空を見るの心持です

本年中は表記の処に手紙は出して下さい

皆様の御健闘を祈ります

二十六日　　　　重治

正二殿

山口懸岩国海軍航空隊増田部隊士官室」

この手紙は、昭和十九年五月十四日（佐世保における村田重治大佐の合同海軍葬執行後）、海軍兵学校教育参考館長井上成美大将の求めに応じて、他の書簡二通、写真一枚とともに海軍兵学校教育参考館に寄贈された。寄贈に先立ち、弟正二氏の筆で、丹念に写しがとられた。

海軍兵学校は、現在、海上自衛隊第一術科学校と変身している。昭和四十八年九月、私は第一術科学校長に依頼、調査していただいたが、回答によれば、戦後、米軍による接収時代に処分されたとみえ、何一つ残っていないということである。弟正二氏によれば、本書簡と同じ内容の手紙が、父圓《まどか》氏あてにも書かれているはずであるという。

真珠湾攻撃作戦参加の機動部隊にたいして、山本司令長官から感状が授与されたのは、昭和十七年四月十五日のことであった。ここで、海軍少佐村田重治にたいする見認証書と感状の内容を紹介する。

「見　認　證　書

海軍少佐　村田重治

右者昭和十六年十二月八日航空艦隊雷撃隊総指揮官トシテ「ハワイ」軍港在泊ノ敵米国太平洋艦隊主力攻撃ノ任務ヲ以テ〇一三〇軍艦赤城ヲ発進全軍ヲ有利ニ指揮シ〇三三〇同軍港ニ至リ適時攻撃ヲ加ヘシメ敵艦隊主力ニ対シ全滅的大打撃ヲ与ヘ極メテ甚大ナル効果ヲ収メタルコトヲ證認ス

昭和十六年十二月八日

赤城飛行隊長海軍中佐　淵田美津雄」

「感　状

機動部隊

昭和十六年十二月八日開戦劈頭長駆敵ハワイ軍港ヲ奇襲シ其ノ飛行機隊ヲ以テ敵米国太平洋艦隊主力及所在航空兵力ヲ猛撃シテ忽チニシテ其ノ大部ヲ撃滅シタルハ爾後ノ作戦ニ寄與スル所極メテ大ニシテ武勲顕著ナリト認ム

仍《よっ》テ茲《ここ》ニ感状ヲ授與ス

昭和十七年四月十五日

聯合艦隊司令長官　山本五十六」

第三章　雷撃王誕生

薩摩隼人の血

明治四十二年四月九日、長崎県南高来郡島原村新馬場九五一番地、士族、村田盛太郎《せいたろう》の養子、圓《まどか》の妻キヨは、男の子を出産した。

明治三十七年三月二十五日に長女静弥《しづや》が生まれ、二年後の明治三十九年十二月二十四日、長男清光《きよみつ》が誕生している。それから三年目に迎えた、次男誕生であった。

二人目の男の子の力いっぱいの泣き声が二十八坪の家の中にひびき渡ると、祖父盛太郎、父圓《まどか》とも、ことのほか御満悦であった。

父圓は、この男児に「重治《しげはる》」と命名、誕生から一週間目の明治四十二年四月十六日、出生の届出をすませた。

「村田《むらた》重治《しげはる》」誕生であった。

重治の祖父盛太郎は、明治元年の戊辰の役に、一兵士として参加した武士であった。戊辰の役を、当時、島原では、奥州征伐とよんでいる。

島原の教育界の最高峰として、また、重治が小学生時代の名校長として知られている、林銑吉氏の筆になる郷土読本『杜城《とじょう》の花』（昭和五年二月五日発行）によると、

『慶応三年、徳川慶喜が政権を奉還して、王政復古の業がその緒につかんとするとき、封建の余醺《よくん》いまだ醒めきれず、徳川譜代の将士によって、ついに鳥羽伏見の戦いが勃発した。

ついで征東大総督の派遣となり、江戸は慶喜の恭順によって事なくすんだが、会津、仙台、南部、荘内らの譜藩は固く結束して、官軍に抗した。これがすなわち、明治元年戊辰の役というのである。……

わが島原藩は徳川の親藩であり、ことに藩主は、将軍の舎弟であったにもかかわらず、とうに大義親を滅するの態度に出でて、この役にも、官軍に属して羽州秋田に軍を進めた。

いま、その陣容を見れば、隊長はじめの幹部が十一人、兵員百四人、夫卒百十二人、宮川度右衛門の鋳造になる大砲四門をたずさえ、陸行して長崎に出で、諸藩の兵と共にアメリカの汽船に乗り込んで出発した。

それから日本海を航して秋田の北方、船川港に上陸し、進んで荘内藩酒井左衛門尉忠篤の軍と戦った。のち転じて羽州花館において薩軍の先鋒となり、南部氏の軍と砲火をまじえ、大いにこれを悩ました。

さらに、会津へ進撃を命ぜられたが、このときすでに若松城が陥ったので、ただちに東京に出で、品川からふたたびアメリカ船に乗って長崎に帰着し、ついで島原に凱陣した。時に

明治二年正月である。

いまや当時の勇士はほとんど故人となって、その詳細を知ることができないが、わが郷土の先進奮闘の功を没するに忍びないから、ここに出征者の氏名をとどむることにした』

と、前書して、隊長松平十郎右衛門をはじめ物頭四名、旗奉行一名、大目付一名、兵粮奉行一名、使番三名の氏名が列記され、つづいて大砲隊十四名、兵隊百四名、儒者一名、医師三名、兵粮方十一名、武器方三名、夫卒百十二名という記述がなされている。このうち、戦死者四名、負傷者大砲隊のうち二名である。

兵隊百四名のうち、板倉登之助、三浦平太郎につづいて、三番目に、村田盛太郎の名前が並んでいる。

村田盛太郎といえば、その父栄記がそうであったように、藩でも知られた硬骨の武士であったようだ。

この盛太郎は、板倉角馬、ナミの二女ヤスと婚姻、二人の間には六人の子供が生まれたが、それが女の子ばかりであった。

盛太郎は、鹿児島県揖宿郡頴娃村十町四拾参番戸、戸主田中乾弟と婿養子縁組をむすび、五女キヨの婿として、田中伊右衛門、同ケサチヨの二男、圓を、村田家に迎えたのである。

大正二年十一月一日、三男が誕生、正二《しょうじ》と命名された。

その翌年、村田家の戸主であり、圓の養父であった盛太郎が他界した。

大正三年六月七日、村田圓は、家督を相続して戸主となった。

この日から、村田圓の、厳父としての采配がはじまったのである。

大正六年、四男四郎が生まれた。同八年、五男が生まれた。

養父盛太郎夫婦は六人の子をもち、それがみな女児であったから、やむを得ず婿養子を迎えたのに、婿養子の圓とキヨとの間に生まれた六人の子供は、娘一人のほか、男の子ばかりであった。

圓は、警察づとめをやめて、いまは郡役所の官吏であった。

村田家はゆたかではなかった。だが、その清貧の中で、戸主となった圓だけは、わがままいっぱい、思うがままに生きていた。彼は、感情を、その態度で、表情で、言葉で、率直に表現した。

第三者から見て、それは、島原村新馬場という、いわゆる「家中《かちゅう》」の士族に、ある程度共通した誇示であったとしても、圓の場合、それは度が過ぎていた。

単なる厳父という形容を超越した彼のワンマンぶりが、新馬場周辺の人々の口にものぼっていたらしい。

三男正二は、そのような父の生き方を見て、「大きくなっても、こんなわがままな人にはなりたくない」と、子供心に思ったという。

村田家の夕食は早かった。午後三時になると女たちは炊飯の仕度にかかり、午後五時には夕食であった。「子供たちは先に食べろ」というのが、圓のいつもの口癖であったが、子供たちは、二畳の部屋で、楽しく騒ぎながら、食事をとった。

子供たちの食事がすむころになると、圓は、茶棚の前の長火鉢の前にゆったりと座って、高御膳に用意された食事をとった。彼は、酒はあまり好まなかった。

妻キヨは、傍らにかしずいて、圓一人のための夕食の給仕をつとめた。

戦後、食糧事情が最悪のときでも、圓だけには、白米を炊いたことがあったという。その当時、自分ひとりだけ白い御飯をたべている圓を見て、孫の和雄は、「おじいちゃんのごはんを頂戴」とねだっては、母に、泣きたいような、つらい悲しい思いをなめさせたという。

圓は、茶を好んだ。島原の茶舗で、百匁（三百七十五グラム）九円の玉露が最高であったころ、百匁十二円の最高の玉露を馳走になったことがあると、重治と同級生で、親戚の多田収爾は語っている。昭和八年ごろのことであったそうだ。

また、圓は、若いころ、よく相撲をとっていた。体は小柄であったが、なかなか強かったそうである。

だが、手先はまことに不器用な男であった。釘一つ打つのでさえ、満足に打てなかった。

圓の子供たちは、みんな人並みすぐれて達筆であるのに、父圓は、まったくの金釘流であった。

囲碁は、圓が好きなものの一つであった。腕前は、たいしたことはなかったらしい。五、六級程度ではなかったかと、三男の正二は言った。

相手は、安藤兎毛喜、小川嘉亀男、板倉館一郎、それに松永、小田、高尾といったお歴々であった。

囲碁をうつときの圓は、好々爺であった。だが、碁がたきが帰って、ふたたび厳父の顔にもどると、たちまち彼は、容赦のない男にもどった。

しかし、なにはともあれ、圓は、養父盛太郎没後の村田家における家督相続人であり、一女五男の父親であり、戸主であった。

また、彼は、養父盛太郎夫婦に、男の子が一人も生まれなかったために、絶たれたかも知れぬ村田家の血統を、妻キヨに、五人の男の子を産ませることによって、立派に、家系安泰の道をひらいたのであった。

代々の士族としての、村田家の血脈に、今度は、薩摩隼人の激しい血が注入されることになった。

こうした生活環境の中で、村田重治は、幼年時代をすごすことになったのである。

圓は、妻のことを、「おきよ。おきよ」と呼んだそうである。子供たちは、父圓のことを「おとさま」とよび、母キヨのことは「おっかしゃん」とよんだ。

三男正二は、長女静弥を、「ねえさん」と普通によび、二男重治に対しては、「重《しげ》あんにゃー」と呼んでいたそうである。

圓の妻キヨはおとなしい女性で、子供たちには、じつにやさしい母親であった。祖母ヤスがまた、明るくお茶目な、好人物であった。

正月の年始客の酒がのこると、彼女は、その酒を茶碗に集めてそそいでは、おいしそうに飲み干した。また、ヤスは、三味線をひいて唄をうたったりしたそうである。

六十年前を追憶しながら、島原市内の小学校校長をつとめた三男正二は、

「重治兄は、祖母ヤスの血を、多分に受け継いだのではないか」といった。

島原村新馬場周辺

明治四十三年十二月十九日、この日、二人の日本人が、わずかばかりの小さな空を、はじめて飛んだ。

その一人、徳川大尉は、アンリー・ファルマン複葉機を操縦、最高高度七十メートル、時速五十三キロメートルで、代々木練兵場上空を二周飛んだ。飛行距離は、約三千メートルであった。

一方、日野大尉が操縦した飛行機は、グラーデ単葉機で、高度四十五メートル、約一千メートルの距離を一分二十秒で、半円形に飛んだ。そして、この二人の日本人によって、日本航空史の輝ける第一頁がひらかれたのである。

この年、村田重治は、数え年二つの幼児であった。

大正三年八月二十二日、中国青島にあるドイツのビスマルク要塞攻略のため、海軍機四機を積んだ水上機母艦「若宮」が、横須賀を出航した。使用した飛行機は、ファルマン七十馬

力水上機三機と、百馬力の大型ファルマン水上機一機であった。これは、日本海軍が飛行機を戦争に使用した最初であった。

大正五年三月十七日、海軍航空隊令が公布され、この日から、海軍航空隊が正式に発足した。同年四月、横須賀海軍航空隊が創設された。

この年の四月一日、村田重治は、島原尋常小学校に入学した。絣《かすり》の着物に草履《ぞうり》を履き、ブカブカの学帽をかぶったいでたちであった。ふだんはカバンを肩から下げ、祝日には袴着用がきまりであった。農村の子供たちの中には、教科書を入れた風呂敷包みを抱いて、登校する者も少なくなかったという。

小学一年当時の村田重治の体格の記録がある。身長三尺五寸七分（約百八センチ）、体重四貫九百八十（約十九キロ）、胸囲一尺八寸一分（約五十五センチ）で、体格査定は、〝中〟であった。小柄であったが、体はがっちりしていたという。

重治は無口で、おとなしい子であった。目立たなかった子……という表現が、彼にはぴったりであった。そして、重治だけは、ただの一度も、喧嘩をしたことがなかった。小学校六年、中学校五年、それに海軍兵学校の三年八ヵ月を通して、そうであった。

重治は、弁当は持参せず、昼あがりには、自宅へ帰っている。小学校から新馬場の自宅まで、子供の足でも、一走りの近い距離であった。

当時の島原では、士族と平民との間に、はっきりとした言葉づかいの区別があった。いわゆる「島原弁」の中でも、士族は、独特な言葉である「家中《かちゅう》言葉」や「鉄砲町言葉」をもちいて、家庭の躾もいちだんと厳しく、その中には、親が子に、「百姓の倅《せがれ》と遊ぶな」と言い聞かせた家も、少なくなかったようである。

だが、子供たちは、学校では島原弁で遊びたわむれ、帰宅すると、士族の言葉に帰って、この二つの方言を、ごく自然に使いこなしていた。

林鉄吉が著わされた郷土読本『高来山《たくやま》の雫《しずく》』の中に、「処かわれば品わかる　方言島めぐり」という一章があって、その中から一部を抜粋すると、

『島原町部＝「わりゃー、あしたは、どけ（どこへ）いくときゃー」

島原家中《かちゅう》＝「おっかやー（お母さん）、お菓子売りが来たばぁい。買っておくれんか、なぁん（来た、買って下さらんか、ねー）」「いやなこつだわい。おまや、毎日毎日そのい（そんなに）言うと、おとっつあ（お父さん）から、どさわせられるぜ。（打たれるよ）」

島原鉄砲町＝「そんな無理なこつば、言いなすたてちゃ、おまいさま子供だんばにーし。（子供だもの、ねー）おばが（おばさんが）杉谷《すぎたに》の水の権現にでん（でも）連れていこうだい（行こうよ）。おまいさまは、来るなん。（来ますか）」と言った調子である。

このほか、「家中《かちゅう》」「鉄砲町」のいわゆる士族の間では、お互いが敬意と親愛の情をこめて、それぞれ相手の名前の下に、「ハー」をつけて呼ぶのが普通であった。「圓《まどか》ハー」「兎毛喜ハー」「嘉亀男ハー」といった調子であった。

家中《かちゅう》とは、森岳城《もりたけじょう》の内部を除いた外郭内のことで、主として、士分の屋敷であり、村田家のある新馬場周辺がそれにふくまれていた。

部卒の住家は、外郭外の西方にもうけられて、鉄砲町、または足軽屋敷と呼ばれ、いまなお武家屋敷という名で、昔ながらの静かなたたずまいを残している。

小学校時代、重治は、全課目ずばぬけて、成績がよかった。しかし、重治は、万事が控え目の、目立たない、おとなしい小学生であったので、彼の人間味がにじみ出たエピソードをさがし求めるのは、大変なことであった。

重治の小学同級生をさがし歩いて、話を聞いてみても、「真面目でおとなしい、それでいて目立たぬ男だった。そのうえ、彼には一本、芯が通っていた」と答えはいつもきまっていて、一本、芯が通っていたという点についても、具体的な話は、何一つ聞けなかった。

正直にいって、私は、途方にくれた。そして、ただいたずらに、時が経過した。

そうした五月初旬のある日、私に連絡をくれた人があって、私は市内上新丁《うわじんちょう》で古美術商を営む富田正義という人物と会った。彼は、腕白大将をそのまま大きくしたような、愉快きわまる人物で、村田重治とは、小学、中学を通していっしょであった。

彼は、島原中学時代、喧嘩大将で名を売り、二回落第した男であった。当時の中学校では落第坊主は珍しくなく、なかには三回落第して、卒業が弟より一年おくれたという猛者もいたという。

彼は、不名誉な私事までかくさず、六十年前の村田重治との想い出を、まるで昨日のことのように生き生きと、それも、島原弁まるだしで話した。相手がおとなしい重治のことであるから、彼の方から、折りにふれて、重治に接近したようである。

　重治が小学一年のときのことである。彼は、「猛島《たけしま》神社の三本松」の絵を描いて、担任の女教師谷口先生から赤い三重丸をもらったことがあった。同級生で喧嘩大将であった富田正義の目に、赤い三重丸はまぶしかった。重治の図画の上手さに舌を巻いた富田は、言った。

「村田よい、こら、ほんて、わるの描いたちきや。兄貴ン描いてくれたっじゃろ。（これは、本当に、おまえが描いたのか。兄貴が描いてくれたのだろう）」

　少し怒った顔で、重治は答えた。

「こら、おるが描いたよ。（これは、おれが描いたよ）」

――後年、海軍士官時代の重治は、妻貞子の見ている前で、絹布に墨を使って、浮世絵風の美人画を描いている。いま、村田家にのこされたこの作品を見ていると、私自身が故村田重治海軍大佐に、

「これは、本当にあなたが描いたものですか」

と、たずねてみたいほど、すぐれた絵なのである。

　重治の画才は、天禀《てんぴん》のものであったらしい。素人芸にしては、うますぎる芸術的な素質をたしかに彼はもっていた。

　そのころ、富田は、重治をつかまえて、からかっている。

「わるの兄貴や、寝小便するげなとん（するそうだが）、わるも、すっとじゃろ。（お前もするのだろう）」

重治は、怒った、富田をにらみつけ、叩きつけるようにいった。

「おら、寝小便な、せんぞ！」

重治が小学二年当時の身長は、三尺七寸六分（百十四センチ）、体重五貫四百四十（二十キロ）、胸囲一尺九寸五分（五十九センチ）である。

三年生のときの身長が三尺九寸六分（百二十センチ）、四年生になって、身長がようやく四尺七分（百二十三センチ）となり、体重が六貫二百（二十三キロ）、胸囲が二尺（六十一センチ）となっている。その間、学校を欠席したのは、通算三日である。

大正八年四月十五日、第二期種痘完了。これは、重治が小学四年のときの記録である。

重治は、小学時代、算数と図画と習字がずばぬけて上手だったと、富田はいう。小学五年当時、習字を教室の壁に貼り出されたのは、いつもきまって、村田重治、陶山彌寿太の二人であった。

校長は、坪田校長から林銑吉校長へ変わり、受持の先生も、谷口、田中という女の先生から、成田、里見という、厳しいことで知られていた先生と変わった。

当時、富田の家は、一町歩におよぶ梨山を所有していて、その番人として中国人が一人、やとわれていた。梨がおいしい季節に入ると、富田はお気に入りの同級生を集めて梨山に入り、

「腹いっぱい食うち、よかたい」といいわたした上に、帰りには一人十個ずつ土産に持たせた。だが、ただ一人、重治だけは、笑って土産を受け取ろうとはしなかった。彼はいった。

「これだけ御馳走になれば、土産はいらんよ」

大正十年といえば、村田重治が小学校六年に進級した年であるが、この年の七月、広島市水主町《かこまち》の一少年源田実は、海軍兵学校の合格通知を受けた。そして一本勝負で海兵に合格した源田実少年は、水主町の県立病院の裏の大きな庭園で、池のまわりを歩きながら、「そうだ、飛行機だ。飛行機にしよう」と、自分の進むべき目標を、早くも決定した。

おなじ日、奈良県の大和橿原《かしわら》の一少年、源田実と同期生となる淵田美津雄も、海軍兵学校の合格通知を手にして、よろこびに頬をかがやかせていた。

村田家から提供された古い資料の中から、村田重治に級長を命じた二枚の小さな紙が出て来た。

「第九学級第五学年　　村田重治

第九学級第五学年級長ヲ命ズ

大正十年一月十日　　島原尋常小学校」

とあって、あとの一枚は、「第六学年　村田重治。第三学期中第十一学級級長ヲ命ズ」とあり、日付は、大正十一年一月十日となっている。

私は、村田重治の小学校時代の記録を調べるために島原市立第一小学校を訪ねた。古い資料の中から、第十三回卒業生（男）の部の書類を探し出して見ると、名簿が生年月日順で整理されてあるため、村田重治の姓名は、最初に記されていた。

重治の学業成績は、みごとなものであった。第一学年から第六学年まで、全課目がすべて上であった。この六ヵ年間で、重治が病欠したのは、六日である。

六年当時、身長が四尺三寸（百三十センチ）、体重が七貫四百二十（二十八キロ）、胸囲二尺一寸八分（六十六センチ）、体格の査定は〝中〟とあった。つづいて、身体の状況の概評が乙で、栄養乙という記入が印象的であった。

大正十一年三月二十五日、重治は、島原尋常小学校を優秀な成績で卒業した。

「品行善良学業優秀等ニツキ茲ニ之ヲ賞シテ硯一箇ヲ授與ス」

林銑吉校長の声が、講堂内にひびいて、村田重治は壇上にすすみ、賞状と賞品をうけた。

水津正久、村田重治、岡部進、畠中正一、坪田邁、伊藤一男、池田繁雄、山村孝治、小沢文好、杉本重利、東村繁春の十一名が、優等賞の授与をうけた。卒業写真は、お隣りにある古い木造校舎時代の、県立島原中学校校舎の板壁を背景にして撮影された。

「ガジ」という名

大正十一年四月一日、村田重治は、長崎県立島原中学校に入学した。

当時の島原中学校を、地元では島中《とうちゅう》と呼んだが、木造の校舎にしても、その大きさに匹敵する建物はほかになく、その存在は、島原半島に住む少年たちのあこがれの的であった。

小学生時代の絣の着物を脱ぎすてて、木綿とはいえ夏は小倉の霜降り、冬は黒の小倉服に革靴を履き、かばんを肩から下げ、ゲートルを巻いて登校するのである。帽子につけた島中の徽章が、金色に光って目にまぶしく、重治は、なんだか自分が急に偉くなったような気がした。

島中生徒になったというすばらしい自覚は、有明海を真紅に染めて昇る太陽のように、光り輝いて、重治の体内で、大きく重い比重を占めたのであった。

当時、洋服を着ている人といえば、学校の先生か、官員さん、それに中学生くらいのもので、婦人の洋装は、まったくといっていいほど、見られなかったという。

女学生は、長袖の着物に、紫色の長袴、編上靴を履き、髪はお下げで、なかなか優美なものであった。

当時の島中は、校長が今井精一から船引真造へ変わり、その下にそれぞれ愉快なニック・ネームをいただいた多くの教師たちがいて、花盛りの感があった。いま、そのニック・ネームを列記してみると、
1オポ、2タキ、3ダンキュウ、4ゴリ、5チョウ、6ゲンタ、7ボラ、8クシャン、9メソ、10ゴセン
といった調子で、まだこのほかに「松茸」「たこ坊主」「いんきん」と、一人で三つものあだ名を奉られた船引校長、生徒をつぎからつぎへと投げ飛ばした柔道の大原先生が「ポテ

レンポテレン」、山本千里先生が「猫」、吉尾先生が「長やん」、馬場斉先生が「ヒゲ」と、なかなか愉快なニック・ネームがつづくのである。

1オポとは、オポチュニティを変に発音して、それがたちまちあだ名となった教頭の原田種臣先生で、2タキとは、顔かたちが島原駅前によく座っていた島原の名物乞食「タキヤン」にそっくりだとしてつけられた大場先生のことであったが、傑作中の傑作である「タキ」にしても、大場先生にしてみれば、迷惑ではすまされぬものがあったに違いない。

古びた二階建ての木造校舎。土手の桜並木。ふくろうが住んでいた裏山の老樹。十二階段のスタンド。内田古兵が吹くラッパの音。助兵衛話で、豪傑中学生の胸をときめかした靴屋の島公。「忠告」という名の、上級生による制裁。

このような学生生活をすごす環境の中で、村田重治は、逞しく成長していった。

だが、重治は、中学生となっても、いっこうに目だつ存在ではなかった。目だつことをやるのが嫌いな性分であった。

彼は、いつも泰然としていて、あわてたり、さわいだりすることがなかった。彼は、いわゆる島中の秀才組であったが、そういう秀才組によく見られる一種の気どりや、秀才ぶったところは、一つとして見出せなかった。

また、重治は、腕力が売りものの硬派学生を、少しも恐れなかった。喧嘩を売られることがなく、また喧嘩を買ったこともない重治であったが、その当時の不良学生ですら、彼には手が出せない、そのような無言の威圧力のようなものを、彼は持っていた。

それでいて、重治は、いつも静かに微笑んでいるような、澄んだ美しい目をしていた。

棒高飛びの中学生記録で、全九州三位となり、また落第三回という、これまた大記録をつくったKという中学生がいた。

彼は、喧嘩好きの豪傑組のボスで、「君恋し」「籠の鳥」を歌いながら、ミカンを徴発してまわったり、満州馬賊を夢見て、その小手調べに萩原大学（島原蚕業試験場のこと）の生徒と覇を争っては、殴りあっていた。彼の勇名は全校にとどろき、だれでも彼の姿を見ると避けて通った。

その彼が、なぜか、一級下の重治にだけは、頭があがらぬ風であったという。いつも重治の前では、「ウン。ウン」と素直な返事をして、そんなときの彼からは、喧嘩大将の俤《おもかげ》など一つも見られなかったと、富田氏は述懐するのである。

重治の学業成績は、一年一学期は百四十五名のうち三番、二学期は百四十七名のうち三番、学年成績は、百四十五名中、四番であった。

同級生たちは、いつも重治のことを、「あいやちゃ（あいつは）、いつ、どこで勉強しいよっとかにゃー」と不思議がった。

中学一年、村田重治。身長四尺四寸（百三十三センチ）、体重八貫五百（三十二キロ）。疾病、扁桃腺肥大。

中学二年、村田重治。身長四尺七寸三分（百四十三センチ）、体重十貫（三十八キロ）。疾病、扁桃腺肥大。

疾病の扁桃腺肥大で記しておきたいことがある。村田家を訪問して、現在の戸主である正二夫妻から話を聞き、メモをとりながら、中途で私が質問したことがある。

「村田先生（正二氏のこと）は、小、中学校時代、何か疾病がおありでしたか」

答えはすぐに返ってきた。

「扁桃腺肥大でした」

この疾病は、村田家の男子に共通したものであったのかも知れないと、自分も扁桃腺肥大で苦しんでいる私は、苦笑しながら、そう思ったものであった。

いつごろからか、重治は一部の級友から、「ガジ」という名で呼ばれるようになった。だれがつけたのか、「ガジ」とはいったい、どのような意味があるのか、たずねまわっても、なかなか分からなかった。

「ガジ」というニック・ネームがあったことを教えて下さったのは、重治と島中の五年間クラスがいっしょで、現在、市内で歯科医を開業している実成薫氏であった。その実成氏ですら、「ガジ」の意味が想い出せなかった。

ある日、私は、同じく重治と同級で、親戚筋にあたる多田収爾氏と会った。多田氏は私の小学三年、四年当時の担任の先生で、剣道でその名を知られた人であった。

彼はいった。

「村田は、精神的な意味で、ガジガジの男ではけっしてなかった。村田は、背こそ高くなかったが、がっちりとした体格をしていた。がっちりとした体軀の、この〈がっちり〉が、〈ガジ〉となって、あだ名がつけられたものと思う」

新馬場の、村田家の玄関すぐ左に、一本のザボンの大樹がある。

戦後しばらくの時期まで、玄関をはさんで、左右に二本のザボンの大樹があった。周辺の人々にとって、このザボンの木が村田家の象徴になっていた。

百八十坪の敷地に、木骨藁葺屋根平家建ての二十八坪の住家があって、家が小さい割に、庭はたっぷりと、とってある感じであった。

南側の縁の鴨居の上に、穂先のない、古びた槍の柄がかけられてあった。村田家戸主、代代愛用の槍に違いなかった。

庭には、小さな庭石の間に、さつきが植えられ、東側築山には、枇杷《びわ》、柿、山茶花、梅の木があるが、その配置に、心くばりはなかった。正面の道路に面した生垣にそって、数本のみごとな草槇《くさまき》の木が植えられていた。

その庭の一部に、砂場があった。父圓《まどか》の命令で、重治兄弟が、猛島《たけしま》海岸から砂を運んでつくったものであった。

父の圓は、大の相撲ファンであった。彼は、その砂場を土俵に見立てて、息子たちに、よく相撲をとらせた。

重治は、兄弟のなかでもすぐれて体格が頑丈で、力も強く、兄の清光と、いつも互角の相撲をとった。弟の正二は、勝負にならないので、重治兄とは取り組まず、いつもそばで観戦した。

また重治は、この砂場を利用して、一人でよく走高飛びの練習に励んだ。

圓とキヨとの間に生まれた男の兄弟は、みなそろって抜群の運動神経の持ち主であった。長女の静弥は、おとなしい娘で、働きもので通っていた。

三男の正二は、島中から長崎師範学校へ進み、教育者としての道を選んだが、彼は、師範時代は体操が得意で、ことに鉄棒にかけては名手であった。

彼が、三会《みえ》小学校訓導から島原第三尋常小学校へ転任をした昭和十四年、全校生が円陣を組んで見まもるなかで、同僚訓導の紹介と説明のあと、「村田正二先生」の鉄棒試技が行なわれたことがあった。

大車輪、逆手《さかて》車輪、蹴上がり、大振り、小振りと、一本の鉄棒を両手で摑んで、回転し、乱舞する一人の男の、至芸と思える鉄棒試技を、尻あがり一つできなかった小学生の私は、ただ呆然として眺めていた。

あんなに美しい男の瞬間というものを、私はいままでに、数回とは見ていないような気がする。

その正二氏が、「重治兄の運動神経は抜群だった」と述懐するのだから、重治のそれが文字通り「抜群」であったことは、容易に想像がつこうというものである。

正二氏は、幼い日、兄の清光と重治、それに田町の三上というこの三人組が連れ立って島中校庭に行き、鉄棒の練習をやっているのをよく見て知っていた。

重治はまた、剣道が強かった。当時の島中で剣道上級者の集団といえば、神代《こうじろ》村在住の中学生で組織した神青会《しんせいかい》と、鉄砲町の中学生で組織された温明会《おんめいかい》がその双璧であり、田屋敷《たやしき》、新馬場、先魁《さきがけ》という、いわゆる家中《かちゅう》の中学生で組織された紫溟会《しめい》は、これという特徴はなかった。重治は、中学三年で、紫溟会の幹部となっている。

剣道部の猛者といえば、尾形友雄（神代）、朝永参夫（吾妻）、多田収爾（島原）が、三羽烏であったという。

島中では、毎年一月になると、柔、剣道の寒稽古がおこなわれ、全校生徒は、かならず参加しなければならなかった。最終日、寒稽古納会《おさめかい》の剣道試合で、重治は、数人たてつづけになぎ倒している。その闘いぶりを、道場の片隅で、弟の正二は、誇らしげにみつめていた。

重治にとって、水泳は、得意中の得意のスポーツであった。夏休みの昼間、重治兄弟は、いつも猛島海岸で泳いだ。

当時は泳法といっても、ほとんどが平泳ぎか抜き手であって、クロール泳法は珍しかったが、重治は、馬力にあふれたクロール泳法で、数百メートルを一気に泳ぎ、見物していた富田に向かって、

「富田。こんごりゃ（このごろは）こがんとん、はやっとたい。（こんなのが、流行しているのだ）」

といったということである。

重治は、三年生当時、チブスにかかったことがあった。病院の医師と相談して、病名を公表せず、医師の手厚い治療と、重治の頑丈な体軀が病にうち克ち、大事にいたることはなかったが、そのため病欠日数が伸びて、三年一学期の成績は、百三十名中の八番から、三十八番と、はじめての転落をしている。

病が癒え、体力が回復すると重治は夢中になって勉強を開始し、二学期は百四十四名中、六番と必死の名誉挽回をしたが、一学期の長期病欠による不成績がたたって、学年末成績は百二十二名中、十二番という二桁の成績に終わった。

当時、島中生の一部で、無声映画説明の「活弁」が流行したそうである。そのころ、活弁の世界で人気があったのは、伍東宏郎、つづいて山崎錦城というところであった。徳川夢声は、まだレコードを出していなかったという。

重治の同級生で、古丁《ふるちょう》の家に祖母とともに住んでいた安藤峻は、チコンキ（蓄音器）と活弁のレコードを持っていて、彼自身、活弁の魅力のとりことなっていた。

その安藤家へ始終、出入りしていたのが、富田正義である。安藤氏によると、富田はずいぶんと安藤の祖母に世話になり、厄介をかけたらしい。

安藤の活弁の稽古に富田がくわわり、この二人の活弁を、重治がいつも微笑んで聞き入っていた。

富田の声は、どちらかといえば〈さびた声〉で、彼が同じ傾向の声の伍東宏郎を選んだのにたいし、かん高い声の持ち主であった安藤は、しゃれた洋劇調活弁を好み、「月ノロンドン、タソガレノ街。宿命ノ画家ハ運命ノ皮肉ヲ呪イ、純情ナ処女《おとめ》ハ、トモシビノ影ニ泣クノデシタ」とやっていた。

富田の十八番は阪東妻三郎主演「尊皇《そんのう》」の活弁で、

「星《せ》群《いき》乱レトビ、月ハ冴エ、加茂ノ河原ニ千鳥啼ク。霜サエ凍ル三条ノ橋ノタモトニタン座シテ、皇居ヲ拝シ、涙ヲハライ、微臣竜造寺シュンサク、ハルカニ拝シ奉ル。上《かみ》討幕ノ勅命下ラバ、臣等ノ喜ビ何ニカタトエン。共ニヒレ伏ス雛菊ノ清キ心ノアラワレカ、感極マッテ涙グムノデアッタ。

『コラ！　何ヲスルカ！』

ドウモウノ声ハ縛吏《ばくり》ノ者共、凶状忽チニシテ白刃《はくじん》オドル。浪士ノ怒髪天ヲ衝キ、三条河原ニ血陣渦巻ク」

と、名調子がつづいて、このあと口三味線でチャンバラのシーンを模写する、まことに痛快な活弁であった。

このほか、「月形半平太」より、

「春トハ言エド名バカリノ、雪モマバラノ東山」「時アタカモ幕末ノ頃、京洛ノ夜ハ更《ふ》ケテ、東山三十六峯シズカニ眠ル丑満時《うしみつどき》」

などと得意の名調子で語っていたが、重治は富田の活弁のうまさに舌を巻いた。そして富田に向かって、「富田。わら（お前は）もう活弁になれ」といっている。

重治も、活弁が好きであった。しかし、自分ではやらず、いつも笑って二人の活弁を聞いていた。だが、そのために、自宅での勉強は、いささかの支障もあたえなかった。活弁を楽しんでいても、時間になるときちんと帰宅したし、一人になって深夜におよぶ勉強のスケジュールも、寸分たがわせなかったので、彼の活弁のことなど、彼の家族のだれ一人として知る者がなかった。

しかし、富田の方は、そううまくなかった。重治から、

「わら、もう活弁になれ！」

と、すすめられた富田は、勉強を留守にして活弁に熱中したため、学年成績が悪く、とうとう落第してしまった。

有明の海で

昭和四十年四月に、島中風雪記刊行会より発行された『島中風雪記』という本があって、その中で富田正義氏が、「いかもの喰い」という、まことに痛快な一文を書いている。学生としての経済が許さず、旺盛な食欲を充たすために、やむを得ず「いかもの喰い」をはじめた二人の級友の話で、はじめは鼠《ねずみ》の照焼きの話である。鼠の肉の焼き上がったところは鳩と姿が同じだそうで、鳩だ鳩だといっては平気で喰って、他の学生にも振舞っていた。つぎがなんと猫の刺身である。

猫の刺身なるものを、私は見たことがない。だが、彼の文章を借りれば、平目カレイの身と似て、じつに綺麗なのだそうだ。一人はソース、他の一人は醬油を使って、弁当箱に山盛りにした猫の刺身を、ペロリとたいらげるさまは、じつにみごとであったという。富田氏の手にかかった猫が八匹、篤志家の寄贈が十四、だいぶ喰ったそうである。富田氏が小皿いっぱいの猫刺をくうと、嚙めば嚙むほど青臭い味となり、無理して呑みこんだが、あとで二人に聞いてみると、二人ともまったく感じないといったそうだ。

猫につづいて、青蛙、いなご、なめくじ、かたつむりと片端からたべつづけ、終章は、猫から復讐をうけて、頭から顔いっぱい、猫の糞だらけになる話で、抱腹絶倒の軽妙な文章である。彼は、

『……そのころは、自由主義の黄金時代で、学生も、のんびりした連中が多く、卒業に八年、七年かかった連中は、珍しくなかった。かんたんに落第させる学校当局も当局だが、また三回も落とされて、自分の弟と席を並べて勉強していた人もあったが、別に当人は恥ずかしいとも思わず、珍しいとも思わなかった』と書いている。

重治が、一度、上新丁の富田家を訪れたときのことだ。富田は、親の目を盗んで、当時、最高級の煙草であった「エアー・シップ」を吸っていた。「ゴールデン・バット」が一箱七銭、「エアー・シップ」が十二銭の時代であった。「エアー・シップ」には、ロつきの小さな紙製パイプがつき、箱には飛行船の絵が描かれていた。

重治は、それを珍しそうにみつめていたが、やがていった。

「君が、煙草をのむということは知っちょるが、煙草は甘かとか、辛《から》かとか」

富田は答えた。

「たいしたこちゃなか。わる（お前も）も、一本のんでみれ」

「そんなら内緒で、のんでみゅうかい。だれにでん、内緒にしちょってくれ」

「よかよか。そんなら、煙草ンのみ方ば教ゆったい」

といって、重治に一本のエアー・シップをくわえさせ、火をつけてやった。

富田は、重治に、大変な喫煙法を伝授した。深呼吸の要領で、煙草の煙を腹の底まですい込めといったのであった。

その通り、煙を深く吸いこんだ重治は、かるく煙にむせた。それでも重治は、一本すってしまった。

しばらくして、重治の顔色が蒼ざめてきた。富田はいった。

「どがん（どんなに）あっとな」

「なんもんよ（何だか）気分の悪《わる》か」

そう言い終わらぬうちに、重治は吐いた。二度、三度と吐いた。

富田正義氏は述懐する。

「あの日以来、卒業の日まで、村田は煙草はのまんじゃった。村田が、生まれてはじめて吸った煙草は、エアー・シップの上等で、それも、この俺がのませたとじゃるけんな」と、過ぎし日を偲び、彼は満足気に笑った。

現在、千葉県市川市在住の安藤峻氏によれば、重治は、中学時代からなかなかの文化人であったという。

当時、「新青年」という雑誌があった。内外のすぐれた探偵小説を中心に、なかなか凝った読物を掲載して、その重厚な持ち味と、洗練された雰囲気は、まったく他の追従を許さなかったという。今日ですら、この雑誌に匹敵し得るものは出ていないと、彼は指摘して、つぎのようにいっている。

「当時、九州の小都市であった島原にはほとんど一、二冊しか来ていなかったようで、おそらくこれを愛読したのは、村田重治君と私くらいだったと思います。じつは、中学三年生だった私に、この雑誌を読むようにすすめてくれたのが、村田君でした。

後年、慶應義塾大学の学生から社会人となり、この雑誌が、戦局の推移から遂に廃刊となるまで、引きつづいて愛読した私ですが、はじめてこの雑誌の存在を教えてくれた村田君の、『洗練された文化人』としての素質を、高く評価せざるを得ないのです。

島原中学五年生の村田少年。海兵受験用に撮影したもの。

『雷撃隊長村田重治』と『新青年』、変わったとり合わせだと、しみじみそう思います」

この安藤氏が活弁少年であったころ、町の商店の一少女に想いを寄せたことがあった。片想いであった。恋に悩む安藤少年に向かって、富田が、

「おい、安藤。向こうもまんざらじゃなかごたるぞ」

というと、安藤は怒って、

「わる（お前）の言うこちゃ、信用でけん」

といった。すると、重治が、

「ほんとに、向こうも安藤君に気のあるばい」

というと、

「ほんとか。そら（それは）、ほんな話か。（本当の話か）」

と、安藤は、目を輝かすのだった。重治の、茶目な一面であった。また、重治は、

「学業成績の話と、先生の悪口と、色気の話は、おら（私は）好かん」と、よく言ったそうである。

島中に、タキヤンという、島原の名物乞食の名を奉られた、国語の教師がいた。富田が、

「村田。おら（おれは）、タキヤンば、くらしゅだいと思うちょる。（……なぐろうと思っている）」

というと、重治は即座に、

「そがん話はやめちくれ。（そのような話は止めてくれ）」と答えたそうだ。

また、学業成績の話については、富田氏は、
「おる（私）が落第坊主じゃったけん、村田が気ば使うて、成績の話は、せんじゃったとじゃろ。村田は、そがん（そのように）気のやさしか、思いやりのある男じゃった」と述懐している。

重治が島中五年、富田が二度の落第で、三年在学中に、恒例の試胆会が行なわれた。目標は、小山《おやま》の稲荷大明神で、途中の藪暗《やぶくら》に五年生が身をひそめていて、こわごわやってくる下級生を脅《おど》かす仕組みであった。

その夜、重治は、こっそりと富田をよんで耳うちした。
「富田。馬鹿《ばーか》ン真似して、打ってかかってみれ」

富田は、ニヤリと笑って、さっそく、その言葉どおり実行した。脅かす役目で、暗闇に身をひそめていた五年生の何人かは、突如として飛び込んできた富田に殴られて、逃げまわった。このことを知った重治は、手を叩いて笑った。（大正十三年、山本五十六は、霞ヶ浦海軍航空隊副長兼教頭を命じられた）

富田正義、安藤峻両氏の協力を得て、重治の少年時代のエピソードをひろった。だが、これは、あくまでも村田重治の少年時代の珍しい一部分であって、これを氷山にたとえると、海面下に沈んでいる大きな体積部分の村田重治は、やはり目立たない、万事が控え目の、真面目なおとなしい中学生であった。

父圓《まどか》の厳しい監督下にあって、中学時代の重治が持っていた自由は、富田、安藤のそれと比較すると、問題にならぬくらい、小さなものであったはずだ。

だが、島中《とうちゅう》時代の五年間という月日は、重治の体内に、雲仙の地獄のように燃えたぎる、恐れを知らぬ爆発的エネルギーを、徐々に蓄積しつつあった。

大正が終わって、昭和の時代に入った。

島中入学時、身長四尺四寸、体重八貫五百だった体格も、四年生当時、五尺二寸三分（百五十八センチ）、十三貫五百（五十一キロ）となり、五年生のいまでは、さらにいちだんと逞しく成長して、持病であった扁桃腺肥大も快癒した。

村田重治は、海軍兵学校を受験した。当時の中学秀才組のあこがれは、一高・陸士・海兵であったが、九州地方の中学生の場合、一高が五高・七高と変わっても、陸軍士官学校、海軍兵学校が、あこがれの最高目標であるのに変わりはなかった。

重治は、海が好きだった。小学時代から猛島海岸で泳ぎまくって、太陽で皮膚を焼いた。少年時代の重治の、健康な心と体を作り、育てたのは、有明の海であった。

くわえて重治は、村田家の経済が許さぬため、学資不要の学校へ進学しなければならないことを、よく承知していた。

「よし、海軍へ行こう。いざゆかん海兵へ！」——一発で重治の心は決まった。

郷土出身の軍人といえば、なんといっても橘《たちばな》中佐であった。重治は、島原半島一周行軍の折り、千々石《ちじわ》の橘神社前で休憩し、配属将校の説明を聞きながら仰ぎ見た、軍神橘中佐の銅像と、声をからしながら歌って歩いたあの日のことを想い出した。

「遼陽城頭夜はたけて　有明月の影すごく……」

軍神橘中佐は郷土の誇りであり、それは、島中《とうちゅう》生徒一人一人の胸にも、大きく息づいていた。

昭和二年二月下旬に入って、新馬場の村田家に、一通の電報がとどいた。

『カイグンセイトニサイヨウノヨテイ』カイグンセイトサイヨウシケンイインテウ』

この電報は、大きな喜びを村田家にもたらした。重治の喜びはもちろんであったが、父圓も、上機嫌であった。

昭和二年三月二十五日、村田重治は、県立島原中学校を卒業した。五年丙組の重治のクラスは、松本宗十郎から中島武まで三十五名、重治の卒業成績は、百八名中、六番であった。

当時の成績表に記入された村田重治の性行は、つぎのとおりである。

「村田重治。

性質　温厚

志操　堅固

品行　方正

動作　沈着

言語　明晰
勤惰　勤」

――奇しくもこの日、呉工廠で建造中であった航空母艦「赤城」が竣工した。基準排水量二万六千九百トン、搭載機数六十機のこの大型空母は、その勇壮な艦姿を、はじめて瀬戸の海上にあらわした。その姿は、あたかも村田重治の成長を、心待ちしているかのようであった。

逞しき海の男

「長崎県士族
村田重治
生徒ヲ命ス
昭和二年四月八日
海軍兵学校」

海軍兵学校より村田重治へ通達されたこの入学許可書は、いまも、村田家にのこされている。この当時まで、士族・平民の族称が、歴然として存在していたことをものがたる、貴重な資料だ。

呉から船に乗って二十五分、風光明媚な広島湾に抱かれて、江田島がある。

東京築地からこの地へ、海軍兵学校がうつされたのは明治二十一年八月のことであった。

澎湃寄する海原の
大濤《おおなみ》くだけ散るところ
常盤《ときわ》の松のみどり濃き
秀麗の国あきつしま
有史悠々　数千載
皇謨《こうぼ》あおげばいや高し

ああ、江田島海軍兵学校。

いま、村田重治は、第十分隊の三号生徒として、江田島の潮の香を、胸いっぱいに吸っていた。

手もとに、一冊のアルバムがある。古ぼけてはいるが、豪華な体裁の分厚いアルバムで、表紙には、金文字で、「互和《ごわ》の光」と刻されている。海兵五十八期だから、「互和」という言葉が選ばれたのであった。

表紙をめくると、「第五十八期卒業記念写真帖・海軍兵学校」とあり、（一九三〇・十一・十八）と日付がある。江田島稲田写真館謹製になるアルバムだ。

この中には、村田重治をふくめた海兵五十八期生徒の、三年八ヵ月におよぶ江田島生活のすべてがおさめられているが、その中に、「鵬翼を秘めて」と題した一枚の写真がある。

全国各地から、それぞれ思い思いの姿格好で江田島へ集まってきた少年たちの、娑婆とお別れの記念写真で、小倉の学生服に下駄履きの少年あり、鳥打ち帽に羽織袴の、まるで商店の丁稚《でっち》奉公スタイルの少年ありで、じつになんとも微笑ましい。

つぎの頁に貼ってあるのは、「鵬翼は拡かれたり」と題した、「卒業時の職員・卒業生一同」の写真で、あの羽織袴に鳥打ち帽の少年が、あの学生服に下駄履きの少年が、かくも逞しく、美しい変貌をとげられるものかと驚かされるほど、じつにみごとな海軍少尉候補生勢ぞろいの写真である。

それとは別に、村田重治の三枚の写真がある。三枚とも、重治一人のポートレートで、彼には珍しい貴重な写真だ。

一枚は、島原中学校五年在学時、つまり海兵受験用の顔写真、一枚は海兵三号生徒時代、あとの一枚は、海兵一号生徒時代、それも卒業直前の写真である。

つまり、この三枚に撮られているのは、四ヵ年に満たぬ期間内での村田重治の人間成長が記録された写真ということで、これらの写真から、私は、海軍兵学校という海の男の道場が持つ、人間改造の不思議な力というものを、つくづくと感ぜずにはいられない。

島中《とうちゅう》五年当時の写真は、5の襟章が光り、眉が濃くて長く、上唇が大きくて、帽子が譲りものででもあろうか、カビが生えたもののように古くさく、島中の帽章も上から糸で止めてあって、全体の感じがいかにも野暮ったい。表情からも、健康な明るさが感じられない。

海兵三号生徒の写真は、憧れの短剣姿であるが、左腕に喪章がある。大正天皇崩御で、海兵生徒も喪章を左腕に巻いて、喪に服したのである。

島中時代の写真と比較して、ずいぶんと大きく成長してはいるが、いかにも眉目秀麗で紅顔の美少年といった形容がぴったりの、優男《やさおとこ》に写っている。

海兵一号生徒の村田重治の写真を見て思うのは、少年の顔をすてた逞しい海の男の表情がそこにはあることだ。くわえて、全体の感じが、大空のように、明るい。

海軍少佐時代の、飛行服姿の村田重治の遺影を見て思うことだが、いつも、重治の目は、澄んでいて美しい。涼しく美しい瞳の奥には、これまでの写真には見られなかった、お茶目な、重治独特の雰囲気がのぞいている。

昭和５年、海兵一号の村田生徒。11月、候補生となった。

昭和二年四月八日、海軍兵学校生徒を命じられた第五十八期生徒は、百三十三名で、首席入校者は、岩国から一里半ほど山奥の寒村からやってきた井沢豊であった。

下着から褌まで脱ぎすて、軍服に着がえ、一切の娑婆っ気を絶ち切った重治は、第十分隊三号生徒として編入された。第十分隊のクラス・メートは、つぎの十一名であった。

石飛砙、小林敬四郎、下瀬吉郎、土屋鉄彦、中島正、松枝五郎、大塚範佐、奥義光、川口茂彦、村田重治、花田亮明。

分隊幹事は、オヤジという通称でよばれていた浦孝一大尉で、学年指導官は、副島少佐と朝倉大尉であった。

その日の印象を、中島正氏は、

〈兵学校というところは、綺麗なところだなあ。桜がいっぱい咲いているなあ。軍服と短剣は、武者《むしゃ》がいいが、事業服は、ゴワゴワしているなあ〉

と、思ったそうである。

入校した日の夜、各分隊ごとに、恒例の姓名申告が行なわれた。

第十分隊三号生徒十一名が整列し、一名ずつ出て、分隊幹事や先輩一号、二号生徒の前でそれぞれ自分の姓名を申告するのである。

ほとんど全員が、分隊幹事浦大尉から、「声が小さい！」と怒鳴りつけられては、やり直しを命じられ、ありったけの声をふりしぼって、ようやく合格したと思ったら、今度は、「先輩一号、二号の姓名をいってみよ！」ということになった。

要領のいい三号生徒は、先輩一号、二号生徒の名前を事前に調べあげて覚えていて、それぞれ合格ということになったが、重治に、そのような要領のよい、早手回しの知恵の働こうはずがなかった。困惑した重治は、先輩生徒の前に立って、

「あなたのお名前は、なんといわれますか」

とたずねては答え、たずねては答えて、ようやく一通りすんだのに、今度はなにを勘違いしたのか、中島正の前に立って、

「あなたの名前は、なんと言われますか」

とやったから、たまらない。

「同期に向かって、そんな言い方があるか！」

と、怒鳴りあげられてしまった。

叱られて首をすくめた重治の、なんとも奇妙で滑稽な顔が、中島正にとっては、はじめてまともに見た村田重治の顔だったという。

中島正の郷里は、重治の郷里島原とは有明海を隔てた対岸の三池《みいけ》で、晴れた日は、海をはさんで、互いの町の一部がよく見えた。

その日から、二人は、親友としての交誼を積み重ねた。二人だけのときなど、重治と中島正は、九州弁まるだしで話し合ったという。

後年、中島正は、重治の郷里島原から妻をめとったが、そのとき、重治が、その身元調査を引き受けている。

村田重治が、艦上攻撃機に乗って、そ

海兵三号時の村田生徒。大正天皇崩御に際し、喪章をつけている。

の生涯を雷撃に捧げたのに対して、中島正は戦闘機乗りを選び、「龍驤」戦闘機分隊長からラバウルで勇名を馳せた台南航空隊の飛行隊長、横空戦闘機隊長として激戦に参加し、その後、終戦を迎えた。

五十八期生徒のうち、独、仏語を第一外国語として選んだものが十五名ずつあって、重治が選んだのは、ドイツ語班であった。

当時の海兵には、担任の岡田教授を含めてドイツ語の文官教授が二人いて、その教育は、厳しい、徹底したものであった。重治らは、まるで外国語学校に入校したようだと、よくこぼしていたという。

海軍兵学校という、潮の香のむんむんした、逞しい海の男たちの道場の中で、明るく、それでいて茶目な村田重治の人間性が、次第に殻を破って、あらわれはじめた。

重治は、点数になることはあまり勉強しなかった。小さなことには、一切くよくよせず、いわゆるカマボコ主義を断乎、排撃したという。試験のための勉強などせず、試験も平常となんら変わるところがなかったという。それでいて、兵学校生活を存分に楽しんだようである。この傾向は、二号生徒から一号生徒となるにつれて、いっそうつよくなった。

重治は、不思議な魅力の持ち主であった。彼の人間自体は、いつも青空のように明るかった。この男の周囲には、いつも春風がただよっているように、なごやかで、笑いが絶えなかった。

重治がいると、期友たちは、いつか彼のまわりに集まってきた。いつのまにか、重治は、同期の生徒たちから、「ぶつ」というニック・ネームをたてまつられていた。

元第一航空艦隊参謀の源田実氏は、その著『真珠湾作戦回顧録』のなかで、

『村田重治少佐のことを、同僚たちは〈ぶつ〉と呼んでいた。由来は知らない』と書いている。

またゴードン・W・プランゲ博士も、その著書『トラ・トラ・トラ』のなかで、

『いつも機知にあふれた冗談をとばし、いつのまにかブツという、わけの分からないあだ名をつけられていた村田重治大尉は……』

と書いているが、「ぶつ」とは仏、つまり仏様のことであった。

期友の矢倉敏少佐は、昭和十九年二月十五日付、村田重治少佐の戦死および二階級特進発表の新聞に談話を寄せて、

「村田大佐といえば、すぐ想いうかべるのが、春風駘蕩とした仏様のような風采だ。兵学校時代は、〈仏〉というニック・ネームをたてまつられていたが、いかにもふさわしい綽名《あだな》だと、いまでも思っている」

と述べている。

海兵時代、矢倉敏生徒は、第六分隊に編入されていて、同じ分隊に、関衛《まもる》生徒がいた。

昭和十七年十月二十六日の南太平洋海戦において、空母「翔鶴」飛行隊長であった海軍少佐村田重治は、第一次攻撃隊総指揮官として真っ先に発艦、同艦爆隊長であった関衛少佐は

第二次攻撃隊指揮官として進撃し、米空母「ホーネット」を撃沈、「エンタープライズ」大破の戦果をあげたが、ともに壮烈なる戦死を遂げた。

この奇しき運命の二人は、それぞれ六分隊、十分隊の生徒として兵学校生活に融けこんでいたのである。


さて、兵学校生活の中で、大きな楽しみの一つといえば、酒保養浩館での、だんらんのときであった。生徒たちは、ここで憩いの一時をすごし、大好物の羊羹《ようかん》を食い、ラムネを飲んだ。

この養浩館で、重治は、ラムネ早飲みの芸を身につけた。そして、中島正をはじめとする期友を集めては挑戦をうけ、そのつど彼は、かるく相手を退けた。それは「ぶつ」がはじめて仲間に披露したみごとな芸であった。

一息ずつ、ゴクンゴクンと飲み干すのではなくて、重治のそれは、咽喉《のど》のパイプをひろげておいて、ラムネを一気に流しこむという、なんとも奇抜なやり方であった。

「ラムネの玉が、瓶の口をふさがぬように飲むテクニックが、極意たい」

といっては、ラムネ一本を五秒くらいで飲み干し、期友たちを唖然とさせたそうである。

入校後、はじめての夏休みの直前に、海兵名物の一つである遠泳が行なわれた。水泳の得意な重治にとって、遠泳はむしろ楽しいものであった。

だが、短艇競技には、閉口したらしい。体力には自信があったが、兵学校の短艇は、どえらい代物(しろもの)であった。第十分隊の面目が、両手でつかんだ太い櫂一本にかかっていた。尻の皮がむけ、目がくらんだ。

こうなれば、あとに残るのは、根性だけであった。この短艇競技で、重治は、海軍生活の自信と喜びを爽快に味わった。

後年、生徒たちに愛唱された「兵学校三勇士」という歌がある。

㈠、桜花咲く緑の風に
　　軽く吹かれて校門入れば
　　俺も今日から生徒さん
　　腰の短剣　伊達作り
　　我等兵学校の三勇士

㈡、夢も束の間　夜嵐吹けば
　　姓名申告　凄面ぞろい
　　腰のふるえを何としよう
　　お国なまりがうらめしや
　　我等兵学校の三勇士

㈢、寒風肌さす古鷹おろし
　　顔で笑って心で泣いて
　　鍛えに鍛えしこのクルー

休暇土産は尻のタコ
我等兵学校の三勇士

人間をつくる道場

兵学校の白い軍服に短剣を下げた重治が、はじめての夏休み休暇で帰郷した日、いちばん喜んで彼を迎えたのは、ほかならぬ厳父圓《まどか》であった。

こんなに御機嫌な父の顔を見たのは、はじめてだと重治は思った。そんな彼の姿を、まぶしいものを見るように、弟の正二が微笑みながら、みつめていた。

重治は、軍服を脱ぐと、なんと島中時代の小倉の学生服に着替えて外出し、友人たちと会っている。

村田重治の、面目躍如というところであった。富田正義が、

「村田よい。わら、なして（君はどうして）海兵の服ば着んとな。（服を着ないのか）」

と、たずねたのに対し、重治は、あっさりと、

「こっでよか。（これでよい）」

と答えている。

「村田よい。海兵は、どがんな。（どんなふうか）」

と富田からたずねられて、

「江田島は、鍛えられるバッテン、面白かところぞ。鍛え方が、中学とは、まるで違うとたい」

と、重治が答えると、さらに富田がいった。

海兵名物の一つである遠泳は、水泳の得意な村田生徒にはむしろ楽しかったが、短艇競技(写真)には，閉口したという。

「海兵じゃ、なんが、一番つらかかな。（なにが一番つらいか）」

「ボートたい。それも短艇というち、島原ンボートとは違うぞ。櫂も、こがん（こんなに）太かとたい」

といって、重治は、両手で輪をつくった。以下は、重治と富田との対話である。

「バッテン、村田、わら、腕力《うでぢから》はあろが。（君は、腕力はあるだろうが）」

「腕で漕ぐとでは、なかったい。（腕で漕ぐのではないのだ）」

「そんなら、なんで漕ぐとな」

「腹たい。腹で漕ぐとたい」

といって、重治は、軽く腹を叩いたという。

その後、例によって活弁となったが、富田は、活弁「大地は微笑む」を語った。重治は、帰りぎわに富田

に耳うちするように、

「富田、勉強せろよ」

といっている。当時、富田正義は、まだ島中四年在籍中であった。

島原での休暇の間、重治は毎日のように猛島海岸で泳いで、体を鍛えた。

重治と中学同窓の実成薫氏（現歯科医）は、わずかな期間に逞しく変貌した重治のすがたに驚いたという。

地元の河童たちが、あの高さから飛び込めるかと話していると、重治は、

「あのくらいの高さが何だい！」

といって、見上げる地点までのぼると、みごとな高飛び込みを見せて、海水浴客の度胆をぬいたそうである。

翌三年十一月三十日、海軍少尉源田実は、航空学生を仰せつけられ、霞ヶ浦海軍航空隊へ着任した。十二月十日には山本五十六が、第一航空戦隊旗艦「赤城」の艦長を命じられた。

さて、五十八期生徒は、激しい訓練のなかで、よい教官たちにめぐまれていた。分隊幹事の、オヤジこと、浦孝一大尉もその一人であった。

彼は、厳しい教育の反面、生徒たちをわが子のように可愛がった。

毎週日曜日になると、重治らは、浦大尉の官舎に招かれて、夫人の心づくしの御馳走にあずかった。

御馳走も嬉しかったが、生徒たちにとっては、畳の上の、なごやかな家庭の雰囲気が、たまらなく懐かしかった。そのような日、重治は、きまって島原町新馬場のわが家を想い出した。厳父圓の顔が、不思議になつかしく想い出にうかぶのであった。

くわえて、学年指導官朝倉大尉の存在は、大きかった。

「江田島での朝倉大尉の存在は、期全員との深い出会いであったことは申すまでもなく、じつに五十八期は、朝倉大尉とともに生きたようなものであった」と重治と期友の渡辺初彦氏は書いている。

兵学校では、第五十八期生徒より、はじめて哲学、心理学、論理学、美学の講義がくわわっている。

当時、重治ら第十分隊の寝室は、第二生徒館にあった。これは、現存する赤煉瓦の第一生徒館の裏にあって、木造で、一階は教育参考館、二階が寝室になっていた。自習室は、第一生徒館の、中央から向かって右側五つ目の部屋であった。

重治と同じ十分隊の土屋鉄彦氏によると、自習時間中、上級生の目を盗んで、大塚範佐生徒は、ノートに大好きであった蒸気機関車の絵を描き、その傍らで、村田重治生徒は、マンガを描いていたのを想い出すという。

人を押しのけてまで、自分がよい成績をとろうとかガリ勉をして人より偉くなろうとか、そんなことを考えるような生徒は、一人もいなかったと、土屋氏は述懐された。

のびのびした楽しい江田島生活は、そのまま人間をつくる道場であったが、このようにしてつづけられていった。

このころになると、五十八期生は、だれもが、村田重治のことを、「ぶつ」と呼ぶようになっていた。

重治が、最初に古鷹山に登ったのは、海兵に入校した最初の日曜日のことであった。朝倉学年指導官に引率された五十八期の三号生徒は、この日はじめて古鷹山に登った。細かい砂岩の急坂に、みんな息を切らしたという。

頂上での小憩時間、朝倉学年指導官の話を聞いた。明治三十七年三月二十七日、旅順口第二次閉塞隊を指揮して、壮烈なる戦死を遂げた広瀬中佐は、海兵在学中、古鷹山登山九十六回の記録をつくったという話であった。

最初の登山が苦しかっただけに、生徒たちがこの話からうけた感銘は大きかった。

この生徒のなかの一人が、広瀬中佐の記録に挑戦した。鳥巣建之助生徒であった。彼は、日曜、祭日を利用して古鷹山に登った。しかし、三ヵ年が過ぎた昭和五年四月七日までに、鳥巣生徒がつくった登山記録は八十六回であった。

ところが、学制が変わって四年制となったため、五十八期生の教程が、八ヵ月延長されることになった。

このため、鳥巣生徒は、九月十七日、九十六回登山を記録、ついに広瀬中佐の大記録とならび、十月十九日、百回登山記録を樹立した。汗をたらたらと流し、また、かゆい霜やけの手をこすりこすり、黙々として登ったあの青春のころが、痛いほど想い出されると、彼は回想している。

海軍兵学校校令改正によって、卒業が八ヵ月延期になることが決まったのは、重治が二号生徒当時のことであった。

昭和三年七月十日付、海軍兵学校教頭より保証人村田圓殿あて通達された文書を見ると、

「拝啓　益々御清祥奉大賀候　然者今般勅令ヲ以テ本校令ヲ改正セラレ生徒修業期間ヲ三年八月ト定メラレ貴下御保証ニ係ル第二学年生徒村田重治モ六月二十五日附ヲ以テ其ノ修業年限ヲ延長セラレ候条御承知相成度右得貴意候

追テ為御参考勅令並ニ海軍大臣達抄録別紙供覧致候（終）」

とあるが、この修業期間の八ヵ月延長には、海軍士官姿を待ちこがれていた五十八期生徒たちには、大いに不満であった。

重治は、ラグビー競技が好きで、すべてを忘れてラグビーに熱中した。兵学校名物の棒倒しもまた、同様であった。

兵学校では、日記や手紙も候文で書かせ、漢文の教養を身につけさせていた。後年、重治が実家へあてた手紙の文面にも、その影響が感じられる。

だが、兵学校では、日常生活にまで毎年の成績が適用されて、洗面所や食堂の着席順、ベッドの並べ方まで成績順という徹底ぶりで、この点だけには、反発を感じた生徒が多かったということである。

しかし、そうしたなかで、生徒たちは、小さなことにはこだわらず、図書室に入って、田辺元、西田幾多郎、得能文などの哲学書を読みまくる生徒がいるかと思えば、一方では、「ぶつ」らを中心にして養浩館に集まり、ラムネ早飲み競争や羊羹のたべくらべで、おおらかな明るい生活を楽しむ生徒も多かった。

このころになると、重治の囲碁、将棋の腕前はまったくたいしたものになり、期友の中では、これに匹敵する腕前の生徒は見当たらなかったようである。重治が、とくに仲よくつきあっていた親友は、中島正と堀知良、この二人であった。

「第五十八期級歌」という歌がつくられた。作詞は、重治と同じ十分隊の石塚寛三で、当時は、作詞という言葉は使わず、作歌となっている。作曲は、呉泰次郎であった。(二番〜五番略)

(一) 昭和の御代《みよ》の魁《さきがけ》に
迎えし春の喜びと
契りし我等若人の
互和の光は長永久《とことわ》に
照らさん海の路遠く
共に護らん祖先《おや》の国

二枚の証書

重治ら、海兵第五十八期生徒の、待ちに待った卒業の日が近づいてきた。

いまにして三年八ヵ月の江田島生活を思えば、激しい訓練の連続も、若い体力を誇る彼らには、かえって爽快な想い出で、楽しかった出来事だけが、いくつもいくつもつらなって、日記を綴ったようなものであった。

ふたたび、「互和の光」の写真帳を開くと、「メリー・ライフ」と題して貼り出された七枚の写真は、大掃除、草取り、カッター塗粧、週番、ヨット掃除、銃器手入れ、校庭手入れであって、これが彼らの「楽しい生活」の一部であった。

在学中、陛下の行幸があった。朝の体操の侍従武官御差遣にはじまって、天覧棒倒し、天覧総短艇、観兵式天覧、天覧相撲が行なわれた。

この日の感激は、生涯忘れぬと、あふれる感動を押さえかねて、重治は固く心に誓った。するとー不思議に、厳父圓の顔が、重治の眼前に浮かんできた。

行在所は、総檜造の木骨和瓦葺き平家の質素なつくりで、縁側に二ヵ所、三段の上り口がつくられていた。

巡航スナップ、乗艦実習、宮島遠漕、のどかな日の八方園神社、大講堂、校門、普通学講堂、化学講堂、スポーツのいろいろ（ア式とラ式、剣道、柔道、運動会、相撲、水泳）、包浦キャンプ、馬術、棒倒し、総短艇、小銃拳銃競技、短艇競技、たのしき日曜の一日(クラブ、養浩館、古鷹山)、弓術と銃剣術、野球、清水・大橋両選手をむかえてのテニス大会、帆走、有志短艇巡走、彌山登山、宮島遠漕、将校集会所における お名残りの茶の会等々、その思い出は、どこまでも尽きなかった。

だが、五十八期生にとって、修業期間延長の八ヵ月だけは、じつにうんざりする、永い時間であった。それだけに、三年を過ぎ、いま、その八ヵ月も終わりに近づいたこの喜びは、たとえようもなく大きかった。

『海軍生活を通して、何が嬉しかったといって、兵学校の卒業ほど嬉しいものはなかった。帽子には大きな徽章が輝き、地位が上がり、尊敬され、自由があり、社会があり、家庭があった。蟬が地上に出て、殻を割って、自由にして、また敵も多い世界に出たようなものである』

と、同期の小木曾速水は書いている。

ここで卒業アルバム「五和の光」の中より、「吾々に与うる語」という一文を紹介する。

『海! 海! 海は吾等のオフィスであり、吾等が理想の墳墓である。海に憧れ海に生き、そして遂にはあの黒潮の下に埋もる一片の土と化しても、そは吾等海の子にとっては、莞爾として瞑目するであろう。いわゆる、死は一個の人生の終焉を意味するも、すべての終焉は意味しはしない。

海の上、海の中、そして海の下、すべてが海という雰囲気の中に包まれて、地上より吾々の姿を消すことが、海の子の最大の理想であらねばならぬ。海を享楽し、海を征服し、海の喜怒哀楽にしっくりと調和した時に、「シーマン・シップ」が生じ、海人としての真面目が生まれ出る。

吾々は、その海に憧れた若人達であった。青春の夢まどかな頃、吾々は、人生の行旅を海に辿った。

海の抱擁力、海の威力は、海を知るにともなって吾々の心を搏ち、血汐の高まるを覚えしめる。

今や吾々は、地上の温室を巣立ちて、渺々果てしなき太平洋に羽搏こうとしている。

波よ立て！　風よ吹け！

いざ、もろともに、互和始終の大旆《たいはい》をかざして突進しようではないか。

海よ、そして若きアドミラルよ、健やかに歩め!!』

昭和五年十一月十八日、ついにその日は来た。

「第五五六八号

卒業證書

海軍兵学校生徒

村田重治

海軍兵学校教程卒業ヲ證ス

昭和五年十一月十八日

海軍兵学校長海軍中将従四位
勲二等功四級大湊直太郎」

「村田重治
海軍少尉候補生ヲ命ス
昭和五年十一月十八日
海　軍　省」

この日、村田重治の左手に、しっかりと握りしめられたこの二枚の証書は、彼にとって、何物にもかえがたい嬉しい、価値あるものであったに違いない。

わが生涯の最大の輝ける日、ついにその日にめぐりあったという感激と興奮が、五十八期の海軍少尉候補生たちの両頰を紅潮させた。

表桟橋に、大湊校長と並んで、これも礼装の永野修身前校長の笑顔が見えた。

卒業式の日、村田家からの家族の参列はなかった。

だが、いまの重治にとって、それはどうでもいいことであった。昂然と胸を張る村田重治の前には、渺々たる太平洋が、青くひろがる大空が待っていた。

第五十八期卒業生百十四名は、いまぞ晴れての海軍少尉候補生として、表桟橋から汽艇に分乗、沖合いに停泊中の練習艦隊「八雲」「出雲」に向かった。

その中には、奥義光、下川万兵衛、江草隆繁、関衛、奥宮正武、中島正らの顔もあった。いっせいに帽を振り、いつまでも見送る在校生徒たちの姿も、「蛍の光」の曲も、次第に遠くなり、村田重治らが乗った汽艇は、まっしぐらに、九千八百トンの「八雲」をめざして白波をきった。

第四章　勇者の真実

暑く長き航路

海軍少尉候補生・村田重治が乗艦した軍艦「八雲《やくも》」は、日本海軍がドイツに発注した、唯一の軍艦であった。

明治三十一年二月二十六日、ドイツのブルカン社で起工、翌年の七月八日、進水、同三十三年六月二十日に竣工した。排水量九千八百トン、八インチ砲四門、二十ノットの本艦は、日露戦争では、主力の一艦として活躍、第一次大戦では、第二艦隊第四戦隊の一艦として、青島方面に出動した。

大正十年九月、一等海防艦に類別変更され、以後、候補生の遠洋航海用練習艦を、僚艦と交替でつとめたが、なかでも、もっとも長く、その任についたのは、「八雲」と「磐手《いわて》」であった。

昭和五年十二月十七日、旅順発、青島・上海へ外国鎮戍という名の航海に出発、同年十二月三十日、佐世保帰着。

この航海で、重治らの候補生は、青島・上海で招待をうけて、はじめての中華料理を馳走になっている。海軍機関学校出身の久保徳男氏は、当時を回想して、

『はじめての中国料理は大変めずらしく、おいしかった。よく男子の理想は、住居は洋風、妻は日本人、料理は中国風と聞くが、なるほどと思われた』

と、同期誌「互和」に書いている。

昭和六年三月十六日、馬公発、香港・アフリカ・地中海への遠洋航海に出た。

だが、夢にまで見た憧れの遠洋航海も、あまり楽なものではなかったようである。重治と同期の鳥巣建之助氏が、

『兵学校一号生徒二十ヵ月の、のびのびした生活から練習艦隊「八雲」での候補生生活への移行は、有難いものではなかった。狭い、眠い、つらいの連続であった。インド洋、紅海、地中海の航海、イタリア、フランスの旅行、それは遥かにかすんでいる』

遠洋航海は楽ではなかったと
鳥巣建之助参謀は回想する。

と、書いているのを見ても、往復の艦上生活の、狭い、眠い、つらい日々の実感が、よく出ている。

各科候補生を乗せた「出雲《いづも》」と「八雲」は、台湾の基隆をへて香港、シンガポール、コロンボ、アデン、ポートサイドと航海をつづけたのであるが、香港に入港するとき、「出雲」が、浮標取りに大失敗

を演じている。

大先輩の英国海軍が注目している中での失敗で、若い候補生たちは、肩身の狭い、恥ずかしい思いをしたそうである。

この失敗で、「出雲」艦長ご自慢のカイゼルひげが短くなったが、帰路、パラオ諸島コロールに入港中、「出雲」が海図にのっていないリーフに触れて第一罐室に浸水し、出港のさい、またも舵の故障という出来事がおこって、艦長は、その責任を感じ、カイゼルひげを剃り落としてしまったという。

三月というのに、仏印カムラン湾沖を通過するころから、急に温度が上昇した。

とりわけ、罐室、機械室は、うだるような暑さで、通風筒のむきが気になり、食事も、汗がポタポタと食器におちこむ始末で、満足にできず、冷やしたパインなどで命をつないだという。

紅海を通過してスエズ運河に入り、イスマリヤ湖に仮泊して、二日がかりで運河を通過した。

暑くるしい艦上生活にひきかえ、上陸後のスケジュールは、すばらしい内容であった。

イタリアは、ナポリに入港、汽車に乗ってローマへ向かい、市内を見物した。ここでは、司令官をはじめ、重治ら候補生一同は、ムッソリーニと会っている。ムッソリーニと会えたのは嬉しいことであったが、いざ会ってみると、彼の態度や服装は、いかにも道化じみて日本の若い候補生の目にうつり、尊敬できなかったと、久保徳男氏は述べている。

重治らがマルセーユを列車で発って、パリの土を踏んだのは、昭和六年五月二十日のことであった。

海軍少尉候補生の、遠洋航海のデスティネーションとして、重治らは、エッフェル塔へのぼって胸をそらせた。また、彼らはそろって、オペラ座の舞台を見ている。同期の酒井進氏は、

『青い明け方の空に星が美しく輝き、これが左の方へ少しずつ移動する背景であった。暗い舞台には、兵士の死体が累々と折り重なって斃れていた。やがて、このうちの一人が銃を杖にして起きあがり、ラ・マルセーユを歌い出すと、合唱がおこって静かに幕が下りるという場面であったのを思い出す』

と「互和」で述べている。

そのほか、重治らは、ベルサイユ宮殿、ルーブル美術館をはじめ、花の都パリの見物を楽しみ、また、セーヌの河畔、ランスの戦蹟等も見て歩いた。

彼らは、ツーロン軍港で、はじめてフランスの戦艦を見た。マルタでは、イギリスの重巡見学の機会に恵まれた。重治ら、候補生にとって、これは重大な意義をもつ瞬間であると、彼らは自覚して、その艦姿を凝視したのであった。

日本の若い候補生の目には、イギリスの重巡はスマートで、フランスの戦艦は、あまりにも不細工で醜いものとして、とらえられたそうである。

復路は、エジプトのアレクサンドリアからカイロへ行き、ギゼーのピラミッドや、スフィ

ンクスを見物した。その後、スエズを通過して、シナイの岩山や砂漠を望見しつつ南下し、フランス領ジブチに入港したが、ここで、本航海中、最高の酷暑を体験している。

前甲板の天幕の下で、気温が四十度近くになり、気温が体温をこえると、それに耐えるということが、いかにつらく苦しいものかを、彼らは、身をもって体験したのであった。

ほとんどの軍艦が、重油燃焼罐、タービン機関の時代に、「八雲」「出雲」のように、石炭専焼ピストンの老旧艦での航海実習が、どんな効果があるのかと疑問を持った候補生が少なくなかった。

が、ボイラーは、石炭での管制が一番困難で、これで要領を会得できたら、重油での管制は容易なものであったことから考えても、船乗りの基本をよく会得することができて、収穫は大きかった。

エンジンで一番大切なことは注油で、「油断大敵」とは、これからきた言葉のように、ピストン・エンジンは、このことを身にしみて教えてくれたという。

同年八月十五日、遠洋航海の「八雲」と「出雲」の両艦は、佐世保軍港に帰着した。五ヵ月におよぶ、想い出多い、暑く長い航海であった。

重治は、この遠航で、バルダ・シックス（BALDA. six）という、ドイツ製の高級カメラを購入して帰った。このバルダ・シックスは、弟の正二が兄より譲りうけた。以来、五十三年をへたいまなお、正二氏はこのカメラを愛用している。（ちなみに、重治は、昭和十二年十二月、上海で世界最高級といわれていた「ライカ」を購入した）

堂々たる艦隊

昭和六年八月二十五日、海軍少尉候補生村田重治は術科講習員を命ぜられた。（この年九月十九日、満州事変が起こった）

海軍砲術学校講習員としての期間は、昭和六年八月二十五日から、同年十月二十四日までで、さらに引きつづいて、同年十月二十六日から同年十二月二十四日まで、海軍水雷学校、海軍通信学校講習員となった。

重治が第二艦隊配属の重巡「足柄」乗り組みを命じられたのは、昭和六年十二月二十四日のことである。待ちに待った艦隊勤務のスタートであった。

鳥巣、井元、村田、西岡、半田、松枝、高田、浜田という五十八期生が、「足柄」で顔を合わせることになった。

そのおなじ時期、海軍大尉源田実は、霞ヶ浦航空隊教官を命ぜられた。

翌年一月二十九日に、上海事変が勃発した。重治にとっての初陣は、「足柄」が、昭和七年二月六日、佐世保港を発って、同年二月二十一日、佐世保に帰着するまでの上海事変服務であった。重治と同期の千早正隆氏は、

『我々のクラスは、学校が三年八ヵ月となった第一回目であったため、艦隊への配乗がそれだけおくれていたので、配置はいきなり、ホンチャンであった。そして、いきなり実戦であ

った。上海事変は、いまから考えると、戦いとしては子供の遊びのようなものであったが、初陣としての戦いの経験は、それなりにきびしいものがあった』と書いている。

重治の弟、正二氏によると、重治は、陸戦隊員として、上海で戦ったことがあるとのことであるから、とすれば、このときのことではないかと、思われるのである。

昭和七年四月一日付、海軍少尉候補生村田重治は、海軍少尉に任じられた。いままで尻にくっついていた殻をとって、自由になった蟬のように、今日からは、どこへ出ても一人前の立派な海軍士官であり、その喜びは、大きかった。

第一水雷戦隊旗艦「夕張」に配乗された千早、富岡、古閑、土屋、宮園の五十八期生は、少尉への任官祝いを、佐世保の萬松楼でひらいている。その宴席の模様を、千早正隆氏は、『桜の美しかったこと、Sのきれいであったこと、はじめてそのような席で飲む酒のうまかったことを、いまだに忘れない。しかし、このことを知っているのが土屋兄と、私だけになったことは、淋しいかぎりである』と述べている。

当時、重巡「足柄」も佐世保軍港に帰港していたのだから、「足柄」配乗の鳥巣、井元、西岡、半田、松枝、高田、浜田、それに村田重治という五十八期生の面々も、佐世保の街のどこかで、それも、相当派手に、任官祝いの宴を張ったであろうと思われる。

それはともかく、重治らが乗艦した軍艦「足柄」は平賀譲博士の設計になるもので、日本海軍最初の本格的条約型巡洋艦として設計され、竣工したものであった。昭和三年に「那智」が進水、翌四年に同型艦として、「羽黒」「妙高」「足柄」の三隻が完成した。

基準排水量一万トン、三十五・五ノット、二十センチ砲十門、十二センチ高角砲六門、六十一センチ発射管十二門、搭載機二機、主機タービン十三万馬力の強力な装備と高性能を誇り、全世界の注目をあつめた重巡洋艦であった。

昭和七年五月二日、海軍少尉村田重治は、正八位に叙せられた。この月の十五日には、五・一五事件が起こって世間を驚かせた。

そして同年十一月二十五日、軍艦「名取」乗り組みを命じられて、直ちに着任している。軍艦「名取」は、五千百七十トン、三十六ノットという高速を誇る三本煙突の軽巡洋艦で、同型艦に「長良」「五十鈴」「由良」「鬼怒」「阿武隈」があった。

同年暮れ、海軍大尉源田実は、横須賀航空隊付兼教官を命じられた。

昭和八年六月二十九日、村田重治少尉らを乗せた軍艦「名取」は、佐世保を出港して、馬鞍群島の外国鎮戍に出た。

台湾の基隆港に帰着したのが、同年七月四日のことであった。ついで同年七月十三日、馬公発、南洋方面の遠洋航海に出港、同八月二十一日、木更津帰着という記録が残っている。

この年の九月二十五日、横浜沖で特別大演習「観艦式」が行なわれた。

村田家に残された資料の中に、海軍少尉村田重治へあてた賜饌の案内状があった。菊の御紋章入りの立派な案内状で、内容は、つぎのとおりである。

「来二十五日横浜沖ニ於テ特別大演習観艦式御親閲ノ後軍艦加賀ニ於ケル賜饌ニ可被為召

旨
御沙汰候条此段申入候也
昭和八年八月十日
宮内大臣　湯浅倉平
海軍少尉村田重治殿
」

このほかに、「昭和八年特別大演習　観艦式御次第書」「式場図」があり、それによると〈御先導〉鳥海、〈御召艦〉比叡、〈供奉〉愛宕、高雄、摩耶で、当日、横浜沖在泊の軍艦、駆逐艦、掃海艇、および特務艦は満艦飾を行ない、潜水艦（伊号、呂号三十五隻）は艦飾を行なって、陛下をお迎えしている。

重治が乗っていた軍艦「名取」は、御召艦通過の第三列にあり、「陸奥」「日向」「榛名」「金剛」「阿武隈」につづく六隻目の序列に入っていた。

この案内状による賜饌は、午後零時十分ごろ、「長門」「加賀」「鳥海」「愛宕」および「高雄」に、皇族を御差遣になって行なわれた。武官は軍装（略綬佩用）、文官は通常服、服制ある者は相当服（略綬佩用）であった。

いま、式場図に記載された百七十四隻の艦名を追ってみても、当時の日本海軍連合艦隊がいかに堂々たる大偉容であったかが、容易に想像できる。

この観艦式は、村田重治の艦隊勤務の最終を飾る一大ページェントとなった。

霞ヶ浦の空

昭和八年十一月一日、海軍少尉村田重治は、海軍練習航空隊飛行学生を仰せつけられた。そして、彼が、霞ヶ浦海軍航空隊に着任したのは、十一月六日のことである。この前の月、山本五十六は第一航空戦隊司令官（旗艦「赤城」）に補せられていた。

源田実著の『海軍航空隊始末記』（発進篇）によると、

『当時の海軍においては、飛行機搭乗員のコースは二種類あった。その第一は、海軍兵学校卒業者をもって構成される兵科将校であり、その第二は下士官兵であった。

第二に属するものは、もとより志願者中の試験合格者をもって当てられるものであるが、第一の若手将校を対象とするものは、身体検査に合格した者であることはもちろんであるが、本人が希望するか否かということは、飛行学生の任命には、原則的になんら関係がなかった。

身体検査は、全員が受けなければならない。身体検査に合格した者は、たとえ本人が希望しないでも、飛行学生を命じられることがあるし、また本人が熱望しても、その配置につかされないことがあった。

しかし、やはり、そこには当局の親心というものがあって、若干の例外はあったが、多くは、志願者の中から学生を任命するのが例とされていた。

私が、飛行機搭乗員の身体検査を受けたのは、昭和二年二月であった。海軍少尉の二年目で、横須賀の海軍砲術学校普通科学生をやっていたときである。

当時の兵科将校は、少尉時代に砲術学校と水雷学校の普通科学生を、ほぼ四ヵ月ずつやり、その間に約二週間、霞ヶ浦海軍航空隊に行って、航空関係の講習を受け、またこの間に、身体検査と操縦適性の試験を受けることになっていた。

この講習は、一般の海上勤務を志す人々にとっては比較的、呑気なもので、航空部隊の特殊な雰囲気を味わい、週末には、武人を祭る香取、鹿島神宮に参拝したり、水郷潮来などを訪れて、楽しく過ごすことができた。

しかし、航空を志すものにとっては、そんな悠長なものではなかった。この講習中の身体検査と操縦適性試験は、自己の意志によって受験するものではなかった。また、一度失敗しても、つぎの機会を待つことができるようなものでもなかった。

検査と試験は天下りで、ただ一回だけである。これで、不適と烙印を押されたが最後、一生、飛行機搭乗員としての道をふさがれたことになるのである。

したがって、航空志願者は、身体の調節などにずいぶんと気をくばったものである。視力に自信がない者は、八つ目うなぎを喰ったり、血圧が心配な人は、松葉を喰ったりした。

結果は、別に公表されるわけではないから、自分自身の感じで、良かったか悪かったかを判断する以外、手はない。一年か二年後に、自分が飛行学生としての辞令をもらったならば、そのときの結果がよかったということになるわけである』と書いている。

重治と同期の綿貫舒之氏によると、昭和六年八月から十二月中旬にかけて行なわれた術科講習（海軍の砲術、水雷、通信の三学校）の最後が霞ヶ浦海軍航空隊であって、航空機操縦員志望の有無を問われたというから、その当時の身体検査と操縦適性の試験を受けてから、飛行学生としての辞令をもらうまでに、重治は、二ヵ年を要している。当時は、これがふつうのことであった。

さて、当時の霞ヶ浦の飛行場には、コンクリートの滑走路は、まだなかった。八十万坪という広い飛行場が、一面の芝生であった。

その八十万坪を二分して、一方では初歩練習機の教育が行なわれ、他の半分で中間練習機と、ごくわずかながら実用機の飛行教育が行なわれていたという。また、霞ヶ浦の湖水では、水上機の教育も、行なわれていたそうである。

霞ヶ浦航空隊に着任して九日目の十一月十五日、村田重治は、海軍中尉を拝命した。同年十二月十五日、海軍中尉村田重治は、従七位に叙せられた旨、宮内省よりの通知を受けた。

このころは、数週間の地上教育が終わって、操縦教育がはじまっていた。

霞ヶ浦航空隊の三式初練での編隊飛行。村田大佐の写真帳の一枚で、村田学生も本機の操縦桿をにぎって教育を受けた。

重治の古い写真帳の中に、三式陸上初歩練習機による編隊飛行の写真がある。

写真にうつっているのは七機であるが、胴体の日の丸と尾翼との間に、「カ-510」「カ-520」「カ-522」「カ-526」「カ-524」「カ-554」「カ-508」という記号があるのから見て、これが霞空の練習機であることがわかる。三式陸上初歩練習機の写真が、この一枚だけであることから、多分、この中の一機の操縦桿を、村田重治飛行学生がにぎっているのであろうと思われるのである。

この三式陸上初歩練習機は、昭和三年に横須賀海軍航空廠で一号型が設計試作され、二号型は、昭和七年に採用された。重治たちが操縦訓練をうけたのは、この二号型機である。「三式陸上練習機操縦法」の中の「操縦上の注意」を抜粋すると、つぎのようなことが書かれている。

一、常ニ操縦者ハ飛行機活動ノ本源ナルコトヲ銘心シ、奮闘努力スベシ。

二、已レヲ虚クシテ教者ノ言ヲ聞クベシ。操縦術上ニ質疑アレバ必ズ教者ノ説明ヲ乞イ、我流ノ操縦ヲナスベカラズ。

三、舵ノ操作ハ、スベテコレヲ柔軟ニ行ナイ、固キハ禁物ナリ。拇指、食指、中指ニテ軽ク握リ、足ハ土フマズノ先端ヲ足踏桿ニカケ、自然ノ状態ニテ軽ク操作ヲ行ナウベシ。

四、正シキ姿勢ニテ操縦ヲ行ナウベシ。姿勢不良ナル時ハ、飛行機ノ飛行姿勢ニ癖ヲ生ゼシメ、進歩ヲ阻害シ保健上有害ナリ。

五、各種飛行姿勢ノ目安ヲ会得シ、修正ヲ的確ニ行ナイ得ル如ク努ムベシ。

六、絶対ニ、教育ヲ信頼シ、恐怖心ヲオコスベカラズ。
七、常ニ健康ヲ保持スル事ニ努ムベシ。日常摂生ヲ重ンジ、毎日充分ナル睡眠ヲトリ、適度ニ屋外運動ヲ行ナイ、心身ヲ新ニシ、爽快ナル気分ニテ飛行ヲ行ナウコト肝要ナリ。
八、機体、発動機ノ整備取扱イニ不断ノ注意ヲハラウベシ。飛行機員ノ整備ニ放任スルコトナク、自ラ作動ノ状態ヲ点検シ、機能ノ研究ニ努メ、自信ヲ以テ操縦スルヲ要ス。

源田実氏は、「操縦は、絹糸三本である」「飛行機に乗っていて風邪を引いたなら、なかなか治らない」という、この二つの言葉が、いまでも記憶に残っているという。

源田氏が操縦教育をうけたのは、アブロ練習機で、エンジンはローン九十馬力、エンジン自体がクルクル回転するという代物で、三式陸練とは、性能に格段の開きがあった時代物であったが、絹糸三本の思想は、飛行機操縦が、きわめてスムーズな、柔軟な操作を必要とするという意味であって、今日においても、なんら異なるところがないと、源田氏は述べている。

村田重治が飛行学生として、霞ヶ浦で訓練をうけていた当時の空気は、源田氏によると、「仲間の学生のすべてが、熱心な志願者であるし、操縦適性に欠けると判定されたものは、他の学校のように次期編入ということは行なわれないで、学生を免除せられて艦船勤務にもどらなければならないので、きわめて真剣な学習態度を持していた」そうである。

昭和十三年、中支で第十二航空隊分隊長をつとめていた海軍大尉村田重治の部下であり、昭和十六年十二月八日朝、村田雷撃隊長の指揮下に、魚雷を抱いて真珠湾に突入した森拾三兵曹は、霞ヶ浦における操縦練習生当時、田中教員から、

「今日から俺がうけもつ。訓示にもあるように、教育の途中で成績の悪いものは、どしどしクビになるぞ。何にしても、この級は、卒業人員何名と決定してあるのだからな。だが、俺の受持からは、一人の不適格者もではいけない」

と訓示をうけたそうである。

昭和十二年七月七日、中国大陸の盧溝橋に端を発した日華事変（当時は支那事変とよんだ）以後は、これまで遠慮なく操縦員たちのクビを切っていた航空本部も、操縦教育に対する考え方を変えたが、それまでは、精鋭一本主義で、あらかじめ卒業人員を何名と決めていて、オーバーした数だけ、ふるいにかけるといったような乱暴な方法を、とらざるを得なかったらしい。

戦時中の大半、軍務局第一課長であった山本善雄大佐（のち少将）の言葉をかりると、『ひとり航空要員に限らず、海軍軍人の養成について困ったことは、大蔵省が海軍予算について人員をきびしく査定し、これに、海軍省がいつも負けていたことであった。

すなわち、海軍の人件費は、定員にもとづいて計算されるが、その定員は、軍艦ができるときは製艦費を認めるときに、その艦の定員だけを認め、陸上関係の定員は、ほとんど認めないのが例となっていた。

それは、海軍の戦闘は日本海海戦式と決めこんで、一度大海戦があれば、それで終わりと

思っていたからで、これが大蔵省の根本思想であった。

したがって決戦を一回やれば、勝てばそれでよし、負ければ軍艦は沈む。そして、ふたたび軍艦をつくるには何年もかかるから、その間に戦争は終わる。だから、人員は、余分のものは不必要という考え方であった。

馬鹿げたことだが、これが日露戦争の戦訓で、大蔵省は、こうしたことを盾にとって、予算も増やさぬようにした。

航空要員についても同じ考え方で、消耗補充の予備をたくさん認めるようなことは、真剣に考えていなかったのである』といった実状であった。

村田重治は、その点、飛行機に乗るために生まれてきたような男であった。

彼の抜群の運動神経は、飛行機の操縦になると、遺憾なくその真価を発揮した。

村田重治は、飛行機が好きだった。大好きな飛行機に乗り、操縦桿をにぎって自由に大空を飛びまわるのは、なんともたまらない魅力であり、喜びであった。

後年、同級生の多田収爾氏が、飛行機で飛ぶときの気分はどうだとたずねたのにたいし、彼は、

「一日飛ばぬ日があると、気分が悪か」

と答えている。このように、大空を飛びまわっているときが、重治にとって、最高に気分のいいときであった。

昭和九年四月二十九日の天長の佳節、海軍中尉村田重治は、昭和六年乃至九年事変におけ

る功により、勲六等瑞宝章および金弐百拾円を、賞勲局より授賜された。くわえて、昭和六年乃至九年事変従軍記章を授与されている。

村田中尉の霞ヶ浦における飛行学生としての航空任務は、昭和九年七月二日で終わり、同日付、彼は、館山海軍航空隊付となった。（このころ、海軍少将山本五十六は、ロンドン海軍軍縮会議予備交渉の海軍側首席代表に任命された〈九月七日〉。源田実大尉は、空母「龍驤」の戦闘機分隊長として九〇式艦上戦闘機一個分隊を預かった）

艦上攻撃班を希望した重治は、館山海軍航空隊で、いよいよ艦攻操縦員としての特別訓練をうけることになったのである。

重治の古い写真帳にある飛行機の写真は、わずか二枚で、一枚は三式陸上初歩練習機による編隊飛行の写真であるが、これは霞空時代の写真であり、あとの一枚は、館山海軍航空隊の飛行場に翼を休める、九〇式艦上戦闘機と、八九式艦上攻撃機三機の写真である。九〇式艦戦の垂直尾翼には「報国－55」、八九式艦攻のそれには「報国－37」の白い文字があり、一面の芝生上に数機が並んでいる。

この写真が三式陸練とともに、重治の古いアルバムに貼られているところを見ても、彼が館山航空隊で艦攻操縦員としての特別訓練をうけたのは、八九式艦上攻撃機であったに違いないと思われる。

当時は、新鋭機としては、昭和九年に採用になったばかりの九四式艦上爆撃機があり、昭和十二年当時の艦攻操縦員の訓練には、本機が使用されているが、この九四式艦爆は、雷撃には使用できるものではなかった。

日本最初の急降下爆撃専用機として試作設計されたもので、垂直ダイブも可能であり、爆撃精度もよく、日華事変でも活躍したが、はじめから雷撃機とは区別して設計されたものであった。その点、三菱製八九式艦攻は、中島・愛知・川西の試作機を退けて、昭和七年に制式採用となり、合計二百四機が生産されたが、実施性能が劣って、実施部隊の評判は悪かったという。

八九式二号艦攻は、六百五十馬力、全幅十五メートル、全長十メートル二十、総重量三千六百キロ、最高速度二百二十七キロ、機首左側に固定機関銃一梃、後席に旋回機関銃一梃、胴体下に魚雷一本、または爆弾八百キロ（最大）、乗員三名の複葉機であった。

朝日新聞社の『航空70年史』その1によると、日本海軍が、はじめて雷撃機の設計を三菱に委嘱したのは大正十一年のことである。

委嘱をうけた三菱では、先に一〇式艦戦、一〇式艦偵を設計した実績をもとに、イギリスより招聘したハーバード・スミス技師にこの設計を委嘱し、その結果完成したのが国産最初の一〇式艦上雷撃機で、わが国唯一の三葉機であった。

三葉機にした理由は、狭小な飛行甲板での取り扱いを容易にすること、搭載量を増し、かつ運動性を良好にすることなどであったが、実際には種々の欠陥があって実用性に乏しく、結局、二十機を製作して中止になったという。四百五十馬力、全幅十三・三メートル、総重量二千五百キロ、最高速度二百五キロ、上昇限度六千メートル、胴体下に十八インチ魚雷一本を搭載した。

この一〇式艦上雷撃機を基礎として、同じスミス技師が複葉型式に再設計し、大正十二年に誕生したのが一三式艦上攻撃機で、本機は、昭和七年までに各型合計四百四十二機が生産され、日華事変の初期までに、好評のうちに使用された。

本機は、木製骨格羽布張りの旧式な構造でありながら、実用性能は、大正末期から昭和初期にかけて海軍随一といわれ、その後ながくつづいた三座艦攻のさきがけとなった。爆撃、雷撃、偵察の三用途のほか、連絡、輸送もかね、双浮舟つきの水上機もあった。

大正十二年以降の一三式一号は、ネピア・ライオン四百五十馬力、昭和二年以降の二号と昭和五年以降の三号は、イスパノスイザ一型、二型、四百五十馬力を使っている。

一三式艦攻の黄金時代から、バトンをうけついだのが、昭和七年に制式採用された八九式艦上攻撃機であり、これにつぐのが翌八年に制式採用された九二式艦上攻撃機で、これは横廠機を、さらに愛知時計が改良したものであった。

約百三十機がつくられ、日華事変の初期に使われたが発動機に故障が多く、比較的早く姿を消した。発動機九一式六百馬力、全幅十三・五メートル、全長九・五メートル、総重量三千二百キロ、最高速度二百十八キロ、八百キロ魚雷一、または五百キロ爆弾一、乗員三名、金属骨組に羽布張りの胴体、ルイス式七・七ミリ旋回機銃装備の複葉機であった。

複葉艦攻の最後の飛行機となったのが、九六式艦上攻撃機である。

昭和十三年三月、海軍大尉村田重治が上海での戦地勤務につき、当時、南京にあった第十二航空隊分隊長として活躍していたとき、この十二空に配備されていた十八機の艦攻は、九六式艦攻であった。村田分隊長は、六十キロ爆弾六発を積んで、連日の爆撃行をくり返したのであるが、九六式艦上戦闘機の名声とは別に、九六艦攻は地味で、活動期間は短く、やがて出現した九七艦攻に、艦攻としての名声を奪われてしまった。

霞ヶ浦から館山航空隊と、連日の猛特訓を、村田重治は、むしろ楽しんでいるかのようであった。飛行機乗りになってよかったと、真実、重治はそう思った。

彼は、ときおり、海軍兵学校時代の精神教育を、懐かしく回想することがあった。

日本海軍の伝統的精神、これこそ海兵教育の重点目標であり、これは一言にしていえば、「斃れて後やむ」の精神であり、「海行かば水漬く屍」の民族精神であった。

全国に類を見ない「海兵」という名の、人間教育の道場で生きた三年八ヵ月の日々は、重治に、不撓不屈の敢闘精神と、負けじ魂をうえつけたのである。

〈よし、艦攻操縦席をおれの死場所にしよう〉と、重治は、空を飛びながら心に誓った。重治は、もう立派に一人前の艦攻操縦員であった。

水平爆撃操縦法、魚雷発射法、計器飛行、夜間飛行と、休む間もなくくり返される猛訓練の中で、重治の血を湧かした最大のものは、魚雷発射訓練であった。

擬雷とよぶ模擬魚雷の発射訓練にはじまって、つぎは頭部に水をつめた魚雷発射訓練にうつり、最後の教育査閲もぶじ終了した。

すばらしき大ニュース

昭和十年十月十五日、海軍中尉村田重治は軍艦「加賀」乗り組みを命じられた。

後年、第十二航空隊で村田分隊に配属された森拾三氏によると、

『もともと艦上攻撃機で雷撃といえば、八百キロの魚雷を抱いて敵の主力艦に肉薄して、これを撃沈することが主な任務とされていた。私たち艦上攻撃機乗りにとって、航空母艦乗り組みになることは、日ごろから熱望するところであった。

ところが、乗員の数は限定されていて、なかなか順番がまわってこないのが、当時の実状であった。もともと母艦乗り組みの経験がない艦上攻撃機操縦員は、平時でも大きな口がきけず、肩身のせまい思いをさせられたものである。

「あいつは、艦隊経験がないんだからな」といわれてしまえば、いくら威張ったところで、問題にされないのである』

というから、村田重治にとって、航空母艦「加賀」へ艦攻操縦員として乗り組みを命じられたのは、素晴らしい大ニュースであった。文字通り、欣喜雀躍した。

重治は、これまでの広大な陸上飛行場とは違って、上空から見ると、まるで一枚の木の葉のように小さい空母の飛行甲板を利用しての離着艦訓練に、全精力をかたむけた。

数多くの艦攻操縦員たちの中から、真っ先に空母乗り組みを命じられたことが、なにより の誇りと自信と喜びとを、重治に抱かせたのである。

しかし、いつ、どんなときでも、重治のおだやかな微笑をうかべたような表情としずかな声、そして威張ったり、豪傑ぶったりといったことにまるで縁のない彼の行動は、すこしも変わらなかった。

上官、同僚は、重治に向かって親しみをこめて「ぶつ」と呼び、部下たちは、信頼と親愛をこめて「ぶつさん」と呼んだ。海軍、ことに海軍航空隊には、このような、のびのびとした自由な空気が充満していた。


このころ、故郷長崎県島原の実家では、重治の縁談が持ちあがっていた。

重治の結婚相手は、矢内金勝、同ギンの四女貞子であった。母親が姉妹仲であったため、従弟同士であった村田重治と矢内貞子との結婚は、両家の間で話がすすめられていた。媒酌人は鉄砲町の松本準《すなお》氏であった。

はじめ、矢内家の方から、重治を婿養子に欲しいという話が、村田家に持ちこまれた。この方は、重治の父圓《まどか》の反対にあい、やむをえず貞子が村田家へ嫁ぐことになった。

昭和十年十二月二十五日付で、重治は、自筆の結婚願いを提出した。この結婚願いが認許になったのは、翌十一年二月十五日付であるが、重治の結婚式は、結婚願いを出して五日目の十二月三十日、島原の猛島神社の神前で行なわれた。

猛島神社の入江宮司は、重治とは小学校の同級生であり、親しい仲であった。重治は、海軍中尉の軍服姿で、貞子と並んで盃をうけた。

結婚披露宴は、高島町の料亭「平野荘」で行なわれた。師走もおしせまった三十日の挙式であり、なんともあわただしい結婚式であったが、重治自身、軍務に追われて、いつ戦地勤務になるか分からない状況の下では、いたしかたのないことであった。

この二人は、新婚旅行も中止して、その夜、大村の官舎に帰っている。時に、村田重治二十七歳、妻貞子二十三歳であった。

重治夫妻が共に暮らしたのは、通算して二ヵ年あるか、なしかの短い期間であった。妻の貞子は、この間、家庭や妻の幸福ということには、まったく無縁であったと述懐している。

重治は、典型的な海軍軍人であり、所詮、新婚家庭の甘い雰囲気の中で、新郎として、新婚時代の甘い喜びの日々の中にひたれる男ではなかった。彼にとっては、愛情の表現というやつは、なんとも厄介なしろものであり、大の苦手であったらしい。

そのうえ、重治は、食事はほとんど隊ですませてきた。妻貞子によると、隊の食事は豪華なものであったという。重治の食事の好みは、豆腐、油揚げといった精進料理風なもので、嫌いなものは黙って食べ残した。好きとも、嫌いとも、うまいとも、まずいともいわなかった。晩酌も、ほとんど家庭ではやらなかった。

官舎には、同僚がよく遊びに来たが、部下は来なかった。同僚の前では、重治は、うって変わって賑やかで、剽軽になった。

館山空の九〇式艦戦(左)と八九式艦攻。艦攻操縦員として特別訓練が始まった。これも村田大佐の写真帳にあったもの。

重治のレコード・コレクションは、相当なものであった。彼がとくに好んで口ずさんでいたのは、「ボレロ」であった。このほか「ユーモレスク」と「青空」がお気に入りの曲で、いつも、この三曲のうちの一枚を電蓄で流しては、ひとり静かに聞きいっていたということである。

しかし、これはあくまで他人には見せなかった彼の素顔の一面で、同僚たちを迎えると、いつも浪花節のレコードをかけては、みずから剽軽に振舞っていたような気がしてならないのである。

昭和十一年四月十三日、重治が配乗した軍艦「加賀」は、福岡湾発、青島へ向けて出港した。寺島水道に帰着したのが、四月二十二日のことであった。同年八月四日、「加賀」は馬公発、厦門へ向けて出港、同月六日、台湾の高雄軍港へ帰着した。

この間、航空母艦「加賀」の飛行甲板への発着訓練からはじまり、艦攻操縦員としての雷爆撃の猛訓練によって、重治の操縦技能は、めきめきとあがった。

重治は、この間の訓練から帰着した軍港で、妻貞子からの便りを受けとった。妊娠したという、喜びの手紙であった。重治は、すぐに筆をとった。いままで味わったことのない、なんともいえぬ興奮を押さえきれないまま、彼は、一気に筆を走らせた。

数日後、妻の貞子は、夫重治からの返事をうけとった。開封して、あまりにも短い重治の文章を眼でひろって、その瞬間、貞子は思わず顔を赤くした。そこには、ただの一行、「目下妊娠中との由、大慶至極に御座候」とだけ書かれていた。貞子にとっては、この文面が、ただただ恥ずかしく、だれにも見られぬよう、いつもこの手紙をハンドバッグの中にしまっていた。後日、貞子は、ハンドバッグとも、この手紙を紛失してしまった。

昭和十一年十月十日、重治は、軍艦「加賀」を退艦し、十一月十六日付、霞ヶ浦海軍航空隊分隊長兼教官を拝命した。

同年十二月一日、村田重治は海軍大尉に任じられ、同年十二月二十八日付、正七位に叙せられた。

この年の特別大演習観艦式は、十二月二十九日、阪神沖で行なわれた。重治が操縦桿をにぎり、飛行機隊による空中分列に参加したかどうかは定かではない。

しかし、宮内大臣松平恒雄の名をもって、特別大演習観艦式御親閲の後、軍艦「加賀」における賜餞に招かれているし、霞ヶ浦海軍航空隊分隊長という肩書から推して、多分、空中分列に参加したであろうと思われる。

重治の霞空における航空勤務は約一ヵ年つづいた。この一ヵ年の間は、重治夫妻にとって平穏無事の日々の連続であった。

翌十二年三月一日、妻貞子は女の子を出産した。重治の喜びようは大変なものであった。彼は、この女児に、「治子」と命名した。重治の一字をとって、治子と名づけたのであった。彼は、長女治子……といっても、まだ赤ん坊であったが、この新しい生命の子に、異常なほどの愛情を寄せた。

すやすやと眠る長女治子のかたわらで横になった彼は、自慢の電蓄で、大好きだった「ボレロ」や「ユーモレスク」の曲を流しては、満足気に眼を閉じていた。

この電蓄は、当時としては珍しいものであった。戦後、貞子未亡人は、進駐軍がうるさいからという第三者の助言を受け入れて、この電蓄を警察に持参、届け出て、今日なお、そのままとなっている。

重治と同窓の富田正義氏の回想によれば、彼は、ある年の夏、島原湊駅の前で重治と出会っている。重治は白い軍服姿に革のカバンを下げていたそうである。

富田は、重治が海兵三号生徒としての初の帰郷のとき以来、彼とは会っていなかった。富田は思わず声をかけた。

「村田君じゃ、なかな」

はじめて、君づけで声をかけている。

「オオッ！」と、声をあげた重治は、かけよって富田の手を握りしめた。本当に、久々の対面であった。

富田はいった。

「村田君。君ン階級は何な?」

「大尉たい」

「いま、何に乗っちょっとな」

「『加賀』に乗っちょる」

富田は、朝鮮の仁川沖に碇泊した空母「加賀」を見て、その巨容に驚いたのを想い出した。

そして言葉をつづけた。

「『加賀』て船は、ふてえもんにゃー。(大きいものだなあ)」

「うン。ふとかよ」

「おい(俺)が弟も、『加賀』に乗っちょっとで」
二、三、親しい会話が交わされたあと、重治がいった。
「富田君。わら、何ばしいよっとな。(君は、何をしているのか)」

「朝鮮で鉱山の仕事ば、しいよる」

「何ば掘りよっとな」

「金ば掘りよる」

「金ばや……。鉱山の仕事は、つらかろ」

このとき、富田は、「金ばや……」といった村田の言葉に、なにか失望したひびきを感じたという。

　重治がいった。

「富田の鉱山で、特殊鋼は出んとか」

　このとき、富田は、特殊鋼が何であるか分からなかった。そこで、富田は、

「銅は出るとバッテン」と答えている。（後年、富田氏は銅を軍に売って一儲けしたということである）

　このあとの富田の問いかけが面白い。

「戦争は、どがんふうな。こん戦争は、勝つとな、負くっとな」

　この問いに、海軍大尉村田重治は苦笑して答えず、話題を変えている。

「富田君、君も軍籍じゃるけん、また召集が来るかも知れんぞ」

「村田君、ちゃんぽんなっと喰おうかい」

「あいた！　時間のなかよ。ちゃんぽん喰うて別れたかバッテン、時間のなか」

　これが、二人の最後の会話となった。

　富田氏のこの回想の中で、重治が「大尉たい」と自分の階級を答え、ついで富田の問いに対して、『「加賀」に乗っちょる』と答えているのが、筆者には疑問として残るのである。重治が、「加賀」に乗っていたのは昭和十年十月十五日から同十一年十月までの一年間で、当時、重治はまだ海軍中尉であった。

「加賀」を退艦して霞空での航空勤務についたのが同年十一月十六日、海軍大尉に任じられ

たのが同年十二月一日付であるから、軍艦名と階級とが一致しないのだ。くわえて、富田氏がたずねた「戦争はどがんふうな」の戦争とは日華事変（支那事変）だと思われるが、そうとすれば、この会話は、昭和十二年七月七日以降のこととなる。しかし、四十数年前のことであるから、ここでは富田氏の回想のままに書きとどめることにした。

ああパネー号

昭和十二年七月七日、日華事変が勃発した。

同年十二月一日付、海軍大尉村田重治は、第十三航空隊分隊長を命じられた。重治が、長崎を発って上海に着き、戦地戦務についたのは、十二月四日のことである。

着任したのは、上海北方の公大飛行場であった。着任してみると、そこには同日付で着任したばかりの海兵同期の奥宮、田熊両大尉の顔があった。

村田大尉が九六式艦上攻撃機隊、奥宮大尉が九六式艦上爆撃機隊、田熊大尉が九六式艦上戦闘機隊で、この三人は、いずれも戦死した前任者の補充として赴任したのであった。

第十三航空隊は、第十二航空隊とともに第二連合航空隊に所属し、基地を上海においていた。司令官は、海軍少将三並《みつなみ》貞三であった。

第二連合航空隊の中の飛行隊の一部は、三木森彦司令の下に、常州前進基地に進出していた。重治は、艦攻隊分隊長として常州前進基地へ飛び、三木司令の指揮下にくわわったのである。

当時の戦況は、呉淞《ウースン》、上海方面から進出した朝香宮兵団は東方から、杭州湾に上陸した柳川兵団は南方から、それぞれ南京に迫って、南京攻略戦は、いよいよ大詰めを迎えていた。

八月中旬からこの方面ではじまった航空戦で、その主力となった海軍航空隊は大活躍をしたが、そのためこうむった被害もまた、すくなくなかった。村田、奥宮、田熊という三人の級友が赴任したのも、戦死した前任者の補充という形で発令されたものであった。

同年十月二十六日、新しく第四艦隊が編成され、第三、第四艦隊をもって支那方面艦隊が編成された。旗艦は、重巡「足柄」であった。

同年十二月一日、事変に関連のある航空部隊の改編が行なわれた。内容はつぎのとおりである。

第一航空戦隊「加賀」（前年度「鳳翔」「龍驤」）

第二航空戦隊「蒼龍」「龍驤」（前年度「加賀」）

これに先立ち、十一月中旬、陸海軍中央および現地部隊（海軍側は第二連合航空隊）との間に、つぎのような要旨の協定が結ばれたのである。

㈠　中支方面における敵航空勢力の覆滅は主として海軍これに任じ、陸軍は該方面陸軍部隊に対する直接協力のためにする航空作戦の一部を担任す。

㈡　陸軍輸送船団の海上護衛ならびに上陸地点到着前後の航空掩護は海軍、上陸時および作戦初期における陸軍部隊に対する協力は、主として海軍これに任じ、陸軍はその一部を担任す。

㈢ 使用兵力

陸軍（上海方面）＝偵察機十八、戦闘機十二、軽爆九、重爆六。

海軍（中支方面）＝第二連合航空隊（第十二、十三航空隊）艦戦二十四、艦爆二十四、艦攻十八。第一航空戦隊 艦戦十八、艦爆十二、艦攻九。第二航空戦隊 艦戦十二、艦爆十二、艦攻十八。第一連合航空隊 中攻四十四、艦戦十二。第三航空戦隊（神威、神川丸） 水偵約三十。

村田重治が第十三航空隊分隊長に着任して南京に入城するまでの間の最初の十日間は、陸海軍の第一線部隊に協力して、連日の爆撃行に参加している。

その間、一日の休暇を得て、村田重治は、奥宮正武大尉とともに、カメラを買いに上海に出かけている。このことは、奥宮氏が私に寄せられた文章をそのまま引用させていただくことにする。

『この間の勤務で、〝ブツ〟の性格の一端を知ることができた。それは、彼が機械いじりが好きなこと、とくに写真機にくわしいことであった。それは、素人ばなれをしていた。

戦闘が一段落して、南京に移るまでの間のある日、彼とともに上海の市に出かけた。そのさい、彼は何軒かの写真機商を訪れたのち、ある一軒に引き返した。

そして、当時、世界で最高級といわれていたドイツ製のライカを、全部（といっても、五、六個しかなかったが）出させ、店主の見ている前で一つ一つ点検したのち、そのうちの一つを選び出した。

それぱかりではなかった。その写真機からいくつかの部品をとりはずし、他のカメラの部品と交換して一つにまとめ、とりはずした部品は、他のカメラにつけ返した。終わったときには、私の目には、もとどおりの数のカメラが並んでいた。

と、彼は黙って、三百円を差し出した。（当時の大尉の俸給は、百円くらいと記憶している）

店主は、はじめから彼の手つきを見ていたが、ただ一言、

「お客さんには負けました」

と、「さじ」を投げた形で、それ以上は何も文句をいわなかった。そのようすから見て、海軍将校の制服に一目おいたばかりではなさそうであった。そのときは、彼の一見して荒けずりのような性格や言動からは、想像もできないことであった。

そして、それから数日もへずして起こったのが『パネー号誤爆事件』であった。

その日――昭和十二年十二月十二日、陸軍部隊はすでに南京城外にたっして、南京陥落は時間の問題であった。

南京周辺は、支離滅裂の様相をていしていた。なかでも揚子江上は、蜂の巣をつついたような大混乱の状態であった。河を渡って逃げようとはかる中国の舟艇と、これを掩護しようと右に左に波を切る中国の艦艇を、日本海軍の艦艇と飛行機が攻撃を展開していた。

揚子江には、中国と日本の艦艇だけが波をきり、動き、ひしめいていたのではなかった。当然、その中にまじって第三国の艦艇がいた。これは、容易ならざる問題であった。

わが第三艦隊司令部では、このような大混戦状態のなかで、第三国との紛争が起こるのを恐れ、それを未然に防止するために、南京付近にある第三国艦艇にたいして、その動静を通報することと、危険区域から避退するよう、要求した。

長谷川第三艦隊長官の要求をうけた米国艦隊指揮官ヤーネル提督は、米砲艦「パネー号」が南京上流四カイリに碇泊している旨を、わが方に通報していた。

第三艦隊司令部では、「パネー号」の新しい位置を確認するため、上海にあった米国総領事館あて、何回となく電話連絡をとった。だが、ようやくその確認が得られたときは、すでに十二日の午後五時になっていた。

——第二連合航空隊三並貞三司令官の戦後の手記によると、通信連絡が意のごとくにならず、第三国艦艇の動静については、現地航空隊には、通報されなかったということである。いずれにしても、南京周辺における揚子江上の第三国艦船の位置とその動静については、現地航空部隊には、なに一つ情報が知らされていなかったというのが実状であった。

十二日の午前、陸軍兵団に派遣されていた連絡将校の青木武航空参謀から、第二連合航空隊常州前進基地へ、緊急連絡がとどいた。

「南京の支那軍は、商船七隻に乗船し、揚子江を上流に向かい退却中。海軍航空部隊はこれを爆撃すべし」

　この緊急連絡をうけた常州前進基地では、一時、翼を休めていただけに、絶好の攻撃目標を得て、基地全体がふるいたった。

米海軍砲艦「パネー号」――村田小隊がおこした「パネー号誤爆事件」は国際問題となったが、二週間後に解決をみた。

　三木司令は、ただちに攻撃隊搭乗員を集めて、敵商船七隻の攻撃を命じた。

　艦上爆撃機十二機、艦上攻撃機六機、艦上戦闘機六機の計二十四機が、爆音をとどろかして、つぎつぎと発進した。

　村田重治大尉は、六十キロ爆弾を積んだ九六式艦上攻撃機三機で編成した村田小隊を率い、奥宮正武大尉は、九六式艦上爆撃機六機をもって編成された奥宮中隊を率いて出動した。

　小牧一郎を指揮官とする小牧中隊は、九四式艦上爆撃機六機をもって編成され、潮田《うしおだ》良平を指揮官とする潮田中隊は、九五式艦上戦闘機六機で編成されていたが、ともに砂塵をまきあげて、つぎつぎと離陸した。

　これらの飛行機は、揚子江上の索敵飛行をつづけ、ついに揚子江を上流に向かって航行中の商船群を発見し、ただちにこれに急降下爆撃をくわえた。

村田小隊の九六式艦攻三機は、高度三千五百メートルで索敵飛行をつづけていたが、ようやく揚子江上の一商船を発見し、ただちにこの目標にたいして水平爆撃を開始した。村田小隊の三機から投下された六十キロ爆弾のうち二発が目標商船に命中し、その商船らしい船舶は沈没した。この船が、米砲艦「パネー号」であろうとは、だれ知る由もなかったのである。

奥宮中隊機、小牧中隊機ほかの飛行隊はすべて、ちかくにいた商船らしい形の船舶を攻撃した。

各飛行隊は、帰着後、ただちに第二次攻撃のために発進した。

この第二次攻撃で、一商船めがけて高度四千メートルから急降下した一指揮官機は、爆撃する寸前、商船の船尾にかかげられた英国商船旗を発見した。

あわてて僚機に、爆撃中止の信号をおくったが、間に合わず、すでに急降下にかかっていた各機は、それぞれ投弾して帰投した。

十二日の夕刻になって、上海にあった米国艦隊司令部よりの連絡が、わが第三艦隊司令部に入った。

「本日午後二時以後、パネー号との無線連絡が杜絶して、消息不明になったので、日本の飛行機で偵察して欲しい」という連絡であった。

この連絡内容は、さっそく、第三艦隊司令部より、第二連合航空隊三並司令官につたえられた。

三並司令官は、みずから上海基地をたって、前進基地の常州へ向かった。このときの三並少将の乗機は、「神風号」の同型機で、第十二航空隊で偵察機として使用していた「朝風」であった。

三並司令官が、上海基地を常州に向けて飛び立ったころ、第三艦隊司令部より常州前進基地へ、電命がとどいた。昨日の攻撃に参加した飛行隊指揮官全員、至急「出雲」に出頭すべしという電命であった。

村田重治九六艦攻隊指揮官、奥宮正武九六艦爆隊指揮官、小牧一郎九四艦爆隊指揮官、潮田良平九五艦戦隊指揮官の四人は、真相はまったくわからず、のんきなもので、これは、四人とも表彰されるかも知れんぞ……と語り合いながら、いい気分で愛機に乗ったという。もちろん、常州基地は静かなものであった。

そのため、三並司令官の乗機「朝風」が、常州飛行場へ着陸したときは、すでに四人の飛行隊指揮官たちは、上海へ向けて飛び立ったあとであった。

やむなく三並司令官は、ただちに上海へ折り返して飛んだ。そしてその足で第三艦隊司令部へ出頭した。

第三艦隊司令部で、三並司令官が聴取した事情は、つぎのようなものであった。

揚子江岸、和県に上陸避難したパネー号乗員から、昨十二日、米砲艦パネー号は、日本機の爆撃をうけて沈没したという報告があり、艦隊司令部は、その救援のために、医療品の空輸と、駆逐艦の派遣等を手配中というのである。

この日、昭和十二年十二月十三日、ついに南京は陥落した。内地では南京陥落の号外が飛びかい、日本中が戦勝の喜びにつつまれていた。

その喜びもどこへやら、三並司令官は、「パネー号撃沈」の衝撃をうけて、悄然として上海基地への帰途についたという。

十三日付の夕刊を大きく飾った「南京陥落」の記事とは対照的に、「パネー号事件」の記事が小さく掲載されている。

『十一日夕、支那軍汽船にて南京を脱出、上流に向かいたりとの報により、これが追撃爆撃に向かいたる海軍航空隊は、スタンダード会社汽船三隻を誤認し、爆撃を加え、該汽船および傍にありたる米艦一隻を沈没せしむるの不祥事を惹起せり。右の事件は、アメリカ海軍に対し、誠に遺憾千万のことにして、長谷川長官は、これに関する一切の責任をとるため、直ちに適当の措置を講じつつあり』

この新聞記事中の『米艦一隻を沈没せしむるの不祥事を惹起せり』と報じられた米艦が、「パネー号」であった。これが、村田大尉を指揮官とする九六艦攻三機が敵商船と間違えて撃沈した米砲艦パネー号であったのだった。

当時、中国軍は、青い軍服を着用していたそうである。そのため、一般市民との区別は困難であったという。また、碇泊中であったというパネー号も、揚子江の流れのため、航行中のように見えたのも致し方のないことであった。

そのうえ、村田小隊の三機の九六艦攻は、三千五百メートルの高度を飛んでいた。この高度から、江上の一商船を発見したとしても、それが水平爆撃であったから、艦種、識別、国籍の標識等、判別がつかないのが当然であった。

村田小隊の三機が米砲艦パネー号誤爆事件をおこしたのも、周囲の状況から推察すれば、村田小隊を責めるには酷な実状が、たしかにそこに介在していた。

これが日華事変中、たびたび起こった第三国権益侵害事件の中で、もっとも厄介な事件となった「パネー号事件」の発端であった。

ほろにがき思い

事件の全貌を知り、事の重大さを自覚した第二連合航空隊司令官三並少将は、

「時局重大の折柄、第三国、とくに米国の軍艦を撃沈し、誠に恐懼の至りに堪えず。可然《しかるべく》処断を乞う」

むねの進退伺いを、長谷川第三艦隊長官あてに提出した。長谷川長官は、

「自分と君とは、本件に責任を負う必要があるから、海軍大臣に進達する」

と答えて、その進退伺いは受理された。

三並少将は、海軍生活も、もうこれまでと覚悟を決め、永かった自分の海軍生活に最後の花を咲かせるために、第二連合航空隊を率いて、南京入場の空中分列式に参加した。

艦攻隊の先頭を飛んで、空中分列式に参加した村田大尉にとって、この日は、ほろにがい思いをなめながらの飛行であったに違いない。

海軍大臣の名をもって発表された「パネー号事件」の責任者の処罰は、迅速をきわめたものであった。

在支海軍部隊の最高指揮官である長谷川第三艦隊長官ほか幕僚三名、第二連合航空隊三並司令官と首席参謀、関係航空隊司令二名、および四名の飛行機隊指揮官が戒告処分をうけ、とくに三並第二連合航空隊司令官は、その職を解かれて内地部隊へ転補された。これは、まったく異例のことであった。

海軍大臣名をもって、戒告処分をうけた四名の飛行機隊指揮官名は、つぎの通りである。

海軍大尉村田重治（九六式艦攻指揮官）
海軍大尉奥宮正武（九六式艦爆指揮官）
海軍大尉小牧一郎（九四式艦爆指揮官）
海軍大尉潮田良平（九五式艦戦指揮官）

「アメリカやイギリスの軍艦が、揚子江の国際水路に頑張っている以上、こういう事件は、またおこるかも知れない。言葉のうえで、誤解があると困る」

といって、海軍次官山本五十六は、英語通訳の第一人者であった溝田主一を上海に派遣した。

彼の英語はまったくたいしたもので、アメリカ映画を見て、アメリカ人と同じタイミングで笑うことができる腕前だと、評判をとっていた。

このように、「パネー号事件」にたいする日本海軍の気の配り方は、並大抵なものではなかった。

米国政府は、日本海軍の出先部隊が、中央の命令に服せず、故意にパネー号を爆撃したものと信じて、日本政府にたいし、厳重な抗議を行なった。

アメリカ国内では、「リメンバー・パネー」という合言葉すら生まれ、そのため一時は、日米両国の国交が、危殆に瀕する恐れすら感じられたほどであった。

その原因の考察について、三並貞三司令官は、戦後の回想の中で、つぎのように述べている。

『(1) わが中支作戦は、侵略攻撃として世界の攻撃を受けつつあったこと。

(2) 英国支那艦隊司令官が、南京の情勢に鑑み、レディ・バード号にて揚子江を下り、蕪湖に近づいたさい、当時、同地にあった橋本欣五郎大佐の指揮する砲兵隊の砲撃をうけた。英司令官は蕪湖に上陸して、橋本大佐に抗議したところ、同大佐は、わが交戦区域に侵入する艦船は、第三国軍艦といえどもこれを砲撃すべきむね指令したと伝え、英司令官の心証をいちじるしく害し、同司令官は、これを本国に報告した。

英本国にては、同時期に発生した米艦誤爆も、レディ・バード号砲撃と同様、海軍飛行将校が、上司の命にしたがわず、故意に爆撃したものとして米国に連絡し、英米協力して、わが国に強硬に抗議したきらいあること。

(3)「パネー号」沈没のさい、同船に乗船していた映画技師が、沈没被害ならびに負傷者の惨状を撮影して、これを香港に送り、同地よりパン・アメリカン会社の飛行機で本国に空輸したが、このフィルムが、マニラ、ハワイ、米本国で大々的に宣伝に利用され、米国民の関心を煽ったこと。

などのため、米国の世論を刺激し、解決をますます困難ならしめたふしがある』

当時の駐米大使斎藤博は、ラジオを通じて、本事件を、アメリカ国民に素直に謝罪した。海軍次官山本五十六は、「海軍はただ頭を下げる」と、日本海軍の態度をこれまた率直に表明した。

本事件は、まったくの誤爆であることは明らかであった上、日本政府が率直に事実を認めて遺憾の意を表明し、責任者を処罰して、賠償を提案するなどの迅速な処置をとったため、米国政府もこれに満足し、約二週間後に、ようやく、この事件は解決をみた。賠償金は二百六十八万ドルで、これは、昭和十三年四月二十二日に支払われた。

本事件の解決に関し、海軍次官山本五十六と駐日米国大使グルーの両氏が大きな貢献を果たしたことは、高く評価さるべきことであった。

パネー号事件の解決に当たり、海軍次官山本五十六は、つぎのような見解を公表した。

「『パネー号』事件は、本日米国大使より外務大臣に致せる回答をもって、一段落を告げたる次第なるが、右は事件発生以来、各種誤解宣伝の渦中において、米国政府ならびにその国民が公正明察、よく事件の実相とわが方の誠意とを理解したるものにして、事件の責任者たる帝国海軍としてまことに欣快にたえず。また本事件発生以来、わが国民が終始冷静にして理解ある態度を持したることに対して、深甚なる謝意を表するものなり。

今後、わが海軍はいよいよ自重自戒、もってこの種事件の根絶に万全を期するはもちろんなるが、一方、さらにこの機会において、支那事変をめぐりて帝国と第三国との間に介在する各種の誤解疑念を一掃し、進んで理解と親善とに至らしめ、もって禍を転じて福となすことに対し、わが国民一致の協力を切望してやまざる次第なり」

誤爆の真相

戦後、外国人の手によって書かれた本の中で、「パネー号事件」にふれて述べられているのは大変に少ない。だが、そのほとんどが、事件の真相を正しく伝えてはいない。

おおむね、本事件を日本帝国主義の侵略の足跡としてとりあげ、「パネー号事件」を「南京大虐殺と表と裏の関係における事件」として結びつけてとりあげる傾向が強いように見うけられる。

一九七一年度のピュリツァー賞を受賞したジョン・トーランドの『大日本帝国の興亡』(THE RISING SUN)によると、

『……出先艦艇から連合艦隊へあてた報告電報が、アメリカ海軍情報部によって傍受され、解読されたために、「パネー号」攻撃が、航空母艦「加賀」の一将校によって、故意に計画されたものであったことが判明したことであった』

とあるが、これは、事実に反することははなはだしいものがある。

前述のように、パネー号を誤爆したのは、常州前進基地より飛び立った第二連合航空隊第十三航空隊分隊長村田重治大尉が率いた三機の九六式艦上攻撃機であって、第一航空戦隊の空母「加賀」とは、なんのかかわりもない。

まして『アメリカ海軍情報部によって報告電報が傍受され、解読された云々』と、『パネー号攻撃が「加賀」の一将校によって、故意に計画された云々』にいたっては、まったく荒唐無稽である。くわえて、トーランド氏が、

『日本海軍当局も、パネー号攻撃の責任者である「加賀」の艦長を解任することによって、このような逸脱した行為は許さないとの態度を示した』

と書いているのも、おかしい。

責任を問われて、その職を解かれたのは、第二連合航空隊司令官三並貞三少将であって、「加賀」の艦長とは、なんのかかわりもない。

このことは、アメリカの各新聞が『REAR ADMIRAL MITSUNAMI OUT SET』と、トップ記事で報じているのだから、間違えること自体が、おかしいのである。

事実、三並少将は、当時、在米の友人から、その記事をのせた新聞とともに、「国家のた

め犠牲となられて、まことにお気の毒です」という慰めの手紙をうけとっている。これらの点については、事情は明白であり、寸分も疑問の余地はない。また、

『日本海軍機が、アメリカの国旗が艦尾にひるがえっているのが、はっきり見えていたのにもかかわらず、揚子江上に碇泊していた砲艦「パネー号」を撃沈してしまった』

と、書いているのにも、当時の揚子江上の、支離滅裂、大混乱の様相から推して抵抗がある。

源田実氏は、その著『海軍航空隊始末記』(発進篇)のなかで本事件をとりあげ、

『私は、これを爆撃した部隊、すなわち、第二連合航空隊の航空参謀であり、航空攻撃の立案から実施にいたるまで、司令官の直接の補佐役であった関係上、その間の実状は、だれよりもよく承知している。その私は、この事件が、いかなる意味においても、故意に行なわれたものでは絶対にないことを、保証する』

と、じつに明快に断を下している。つづけて源田氏は、

『この錯誤の裏には、中立国艦船の所在に関する情報伝達の不備が日本側にあったが、こんな混乱した戦場に、不鮮明な標識のまま、交戦国の艦船と見まちがいやすい行動をとったパネー号にも、責任の一端があった。

敗戦後、日本軍のやったことはすべて誤りであり、下手であったように思われているが、誤りは両者にあり、拙劣なことは両者にもある。日華事変とか、太平洋戦争の原因は、すべて日本側に責任があり、戦争中の非人道的行為は日本軍のみがやり、相手側にはなんらの誤

りもなかったように宣伝もせられ、また一般の人々も思いこまされているが、日本軍のみが非人道的であり、日本のみに戦争を惹き起こした責任を負わせるのは、真実を曲げるものである』

と、日華事変から太平洋戦争にかけての戦史の証言者としての立場から、大胆率直に意見を述べておられるのは、太平洋戦争の戦勝国民、敗戦国民たるとをとわず、心を静かにして耳をかたむけるべきであろうと思う。

「パネー号事件」について、外国人の手になる手記の多くは、真実と異なった誤った歴史を後世にのこす危険が、多分にある。

そういう意味で、私は、「パネー号事件」に関する資料を『日本海軍航空史』に求め、とくにその中の第二連合航空隊司令官三並貞三少将の戦後の手記と、村田重治とともに攻撃に参加した奥宮正武氏の助言指導に預かったことを、特記しておきたいと思う。

「パネー号事件」が、故意に行なわれた爆撃であったか、それとも、やむを得ない状況の下での誤爆であったのか、その真実を曲げることなく、真実は何物にも動かされないという信念の上に立って、真相を正しく残すために、村田重治側からの証言にかかわる資料を書きくわえたいと思う。

村田重治が浪花節ファンであったことは、前にも書いた。

重治の古い写真帳の中に、彼が浪花節をうなっている、ユーモラスな一枚の写真がある。

写真の裏に、万年筆の青いインクで、〈奴の小万　村田仏丸〉と説明が書かれている。

「奴の小方」という浪花節が、どのような内容のものかは知らないが、「村田仏丸《ぶつまる》」とはいかにも奇抜で、愉快な名前である。

バラック造りの小屋で、板壁には日の丸が貼られており、白地の部分に書かれた文字が、〈とげよ聖戦　輝く……〉とまでは読める。

前におかれた手ごろな机を、すっぽりとおおっているのは軍艦旗だ。机上にコップをのせた丸盆が一つ。

村田仏丸の格好ときたら、軍艦旗を染めぬいたタオルで鉢巻をしめ、よれよれにくたびれた浴衣の袖を肩までまくり、扇子を持った右手を机上にグイと突き出してポーズをつくっているのだが、なんとも面映ゆいような、てれくさいような表情の写真である。

昭和13年、安慶基地にて浪曲「奴の小万」を演じる村田重治大尉。

この写真は、重治と海兵同期で、昭和十九年、横空戦闘機隊長であった中島正氏が、昭和十三年、安慶基地で撮影したものであることが、後日、判明した。

その中島正氏が、兵学校五十八期の冊子『互和』に寄稿された文章の一部を、そのまま引用させていただく。

『ブッ氏（村田重治）は、浪花節が自慢であった。扇子を持って幕側から出てきて、「エヘン！」と咳払いするところからはじまる。いわゆる前処作が多いのであるが、私は机を用意し、毛布をかけて演台を作ったりする小道具係で、応援これ、つとめたものである。

それにしても、自慢のわりには聴衆が集まらず、常連としては、級友のよしみの私とほか二、三人ぐらいのものであったのだが、ただ一つだけ傑作があった。

彼は、支那事変の始期に、揚子江上で米艦パネー号を敵船とまちがえて爆撃し、国際問題をおこしたことがある。

純情な若い青年であった彼は、敵でないものを攻撃したという道徳的な悩みと、重大な国際問題までおこして、国にたいして申しわけがないと、深く心痛したようであった。

彼は、「ああ、パネー号」という浪花節を自作して口演した。

「揚子江上の　ゴマ粒のような　識別困難な船ではあるが　何故に　村田よ　誤爆した」という文句で、切々たる悲しみが真に迫っていて、聞く者をして、涙をもよおさせたものである』

この文章と村田重治自作自演の「ああ、パネー号」という浪花節の文句の一節ほど、パネー号誤爆事件の真実を、生き生きとつたえる、血の通った資料はないと、私にはそう思えてならないのである。

パネー号事件をおこしたのは、村田重治大尉らしいという噂が、故郷島原にも流れて、それが国際問題にまで発展したために、厳父圓氏の心痛は大きかった。

昭和十四年秋、重治が、久々に最後の帰郷をしたとき、父圓は、「重治、お前が本当にパネー号をやったのか」とたずねた。これにたいして重治は、「フフン」と苦笑したきり、ただの一言もいわなかったそうである。

第五章　蒼空の飛翔

「ぶっ」ならではの芸当

昭和十二年十二月十八日というと、パネー号誤爆事件から六日目であるが、事件の責任者として内地へ転任となった三並少将のあとをうけて、第二連合航空隊の総指揮をとったのは塚原司令官であった。

昭和十三年三月二十二日付、第一連合航空隊は内地に帰還し、同時に、第二連合航空隊の編成替えが行なわれている。

第二連合航空隊のうち、第十二航空隊は南京に司令部をおき、艦戦十八機、艦攻十八機を配備して、中支作戦の中心部隊となった。このうち、艦戦の一部は、蕪湖に進駐していた。第十二航空隊は、中攻二十四機を擁し、同航空隊のうち、中攻八機、艦戦十二機は上海戍基地に配備されていた。

第二連合航空隊の編成替えが行なわれた三月二十二日付をもって、海軍大尉村田重治は、第二連合航空隊分隊長を命ぜられた。

第十二航空隊は、司令である海軍大佐三木森彦のもとに、館山海軍航空隊出身の若い搭乗員が数多く顔をそろえて、まるで三木一家といったような、息のとけあった集団であった。

奇しくもこの日、南京基地へ、一人の海軍大尉が着任した。中島正であった。中島正と村田重治は、固く手をにぎり合った。

二人は、江田島以来の親友であり、有明海をはさんで、大牟田・三池と島原の出身であった。中島は、重治の故郷島原から嫁をもらったが、そのとき、身元調査を引き受けたのが重治であった。

中島正は、戦闘機乗りの道を選び、パネー号誤爆事件当時は、内地の大湊航空隊分隊長として、雪上飛行訓練に励んでいたのである。

中島正大尉を迎えて、重治は、パネー号事件以来の鬱々たる気分を一掃したかのようであった。

この二人は、同じ第十二航空隊にあって、一人は艦戦隊分隊長、一人は艦攻隊分隊長として顔をそろえたのである。

四月に入った。重治は妻貞子からの手紙を受けとった。一読して、彼は、思わず唇を噛んだ。一人娘の治子が死亡したという知らせであった。

妻貞子から、妊娠したという知らせをうけた日、彼は、航空母艦「加賀」の士官室で筆をとって、ただの一行「目下妊娠中の由、大慶至極に御座候」と、まるで他人ごとのような書簡を書いて送り、妻の貞子を恥ずかしがらせた。

内心からこみあげてくる、いままで感じたことのない喜びと、父親になるという新たな感慨が、彼にこの手紙を書かせたのであろう。

そして、ぶじ、長女が生まれた。重治は、自分の名前の一字をとって、この子に「治子」と名づけた。

その治子が死んだのである。

それは、重治の胸の中に一輪、小さく咲いた野の花がまるでラジオのスイッチでも切るかのように、プツンとかすかな音をたてて、瞬間消えてしまったような出来事であった。

生後一年一ヵ月の小さな生命の灯が、フッと吹き消されてしまっても、この父は戦場に在って、どうするすべもなかったのである。

重治は、ひとり、居室にこもって、島原町晴雲寺の村田家の墓地に葬られる治子に思いを馳せ、この可愛かった娘のために合掌した。

翌日になると、重治の表情からは、中島正大尉でさえも、娘の死という哀れな出来事をうかがい知ることはできなかった。いつもと変わらぬ、いつもの通りの「ぶっ」であった。

彼は、部下たちに囲まれて、いつもの通りの微笑みをうかべながら、愛機のそばに立っていた。

連日の偵察爆撃行がつづいた。とくに、四月二十九日の天長節の日に敢行された漢口攻撃は、第二連合航空隊の総力を結集して行なわれたもので、その戦果もめざましいものがあった。

これにたいし、翌三十日付をもって、支那方面艦隊司令長官及川古志郎より第二連合航空隊へ感状が授与された。

「感　状

第二聯合航空隊

昭和十三年四月漢口方面ニ集中セル敵戦闘機隊ノ一挙撃破ヲ企図シ協心戦力機材ノ整備ニ努メ天候不良ノ季ニ際会シテ隠忍好機ヲ窺ヒ遂ニ四月二十九日天長ノ佳節折柄ノ快晴ヲ利シ其ノ主力ヲ以テ勇躍進撃敵国首都上空ニ於テ敵機八十数機ト未曾有ノ空中戦闘ヲ交ヘ克ク其ノ過半ヲ撃墜シ敵重要軍事施設ニ多大ノ損害ヲ与ヘタルハ爾後ノ作戦ニ寄与スル所極メテ大ニシテ其ノ武勲顕著ナリ仍テ茲ニ感状ヲ授与ス

昭和十三年四月三十日

支那方面艦隊司令長官　及川古志郎」

ラエ基地の中島正少佐。浪曲「ああパネー号」に感動したという。

五月になって、内地より平塚三等航空兵曹と森拾三二等航空兵、西本二等航空兵の三名が入隊してきた。

森二空は、その著『奇跡の雷撃隊』のなかで、

『分隊長の村田重治大尉をはじめとして、操縦員の大部分が館山航空隊の出身者で、みな顔なじみの人たちばかりだったので、まことに心づよかったばかりか、新参者の私を、なにかとよく面倒を見てくれた。

指揮所へ挨拶に行くと、となりの分隊長が、なんと練習生時代に私の分隊長だった小林哲雄大尉ではないか。

びっくりするやら、嬉しいやら、懐かしいやら、目を丸くしている私たち三人に向かって小林大尉は、

「お前たち三人は、一番新しい搭乗員なんだから、先任の分まで働かなくてはいかんな」

といって、いかにも嬉しそうに笑っていた』

と書いている。

その当時、第十二航空隊は、南京城外の大校城飛行場に進駐していた。

そのころ、重治や中島正をはじめ、第十二航空隊の空の男たちにとって、いちばん厄介な悩みは、連日連夜の戦闘による疲労ではなく、なんと水虫であったという。

搭乗員たちは、半長靴の飛行靴をはいている。暖かい日などは、飛行靴の中の足指がかゆくなって、そのつど、眉をしかめて足を動かしては、水虫のかゆみと闘っていた。こわさを知らぬ第二連合航空隊の勇者にとって、水虫だけは、なんとも手に負えない難敵であったのだ。

司令の三木森彦大佐といえば、戦闘服に自前でつくらせた黒の長靴が御自慢であった。彼

は色が黒く、その顔は、黒光りしていたという。

ある暖かい日であった。

重治は、三木司令の前まで歩いていって、司令の前で直立不動の姿勢をとり、うやうやしく最敬礼を行なった。

「ぶつ」が、いまに何かやらかすぞ……と中島正大尉らが注目していると、重治は澄ました表情で、

「司令、まことにお気の毒でございます」とやったそうである。

「赤城」艦上の淵田中佐搭乗の九七式艦攻。昭和13年11月、村田大尉は、この新鋭機に対面して感動をおぼえたという。

少し暖かい日は、半長のわれわれの飛行靴でも、水虫がかゆくてしようがない、御自慢の長靴を履いた三木司令は、さぞかしであろうという意味である。

苦笑する三木司令を囲んで、搭乗員たちは、腹の底から大笑いしたという。

こういうときの重治には、長女治子を亡くした悲しみのかげりなど、微塵も示さず、まことに「ぶつ」らしい一面を、むき出しにのぞかせていた。

当時、中支における航空作戦の中心部隊であった第十二航空隊の攻撃目標は、南昌と漢口の両都市であっ

れていた。とくに、十二空には、揚子江沿いに進撃中の陸、海軍部隊の直接掩護の任務があたえられていた。

まず、村田分隊の九六艦攻が飛び立って、敵地の天候偵察を行ない、その報告を待って、中島分隊の九六艦戦が離陸を開始するのがつねであった。

その日は、村田分隊長自身が、敵地の天候偵察に飛び立った。

九六艦戦隊は、出撃準備をととのえて、村田分隊長機からの天候報告をいまか、いまかと待っていた。だが、いつまでたっても、村田機からの報告がなかった。

中島分隊長をはじめとする艦戦隊搭乗員たちが、ジリジリしはじめたころになって、やっと村田機からの電信がとどいた。

「ワガ位置不明、南京ノ天候知ラセ」

この電信には、さすがの三木司令以下、艦戦隊の猛者たち全員が、あっけにとられてしまった。

天候偵察に飛び立った機が、敵地の天候を偵察せずに、それどころか自分の飛行機の位置が分からなくなって、自分の基地の天候を聞いてくるとは……と、みんなが口をあんぐりしたのも、うなずけることであった。

だが、この電信で、ずいぶんながいあいだ張りつめていた艦戦隊員たちの緊張が、一度にとけてしまった。

「さすがは『ぶつ』だな。『ぶつ』でなければできない芸当だ」と、十二空での評判は上々であったという。

この日も、重治は、ぶじ南京基地へ着陸するや、いつもと変わらず、悠然と愛機から下り立った。

実際、少しでも格好をよく見せたいわれわれには、こうはさらりと割りきれないことだ……と、中島大尉は、あらためて「ぶつ」大尉の顔を見なおしたそうである。

日本の軍隊機構のなかで、海軍航空隊の世界には、一種独特の、明るく伸び伸びした自由闊達な空気が充ちていた。

重治は、そうした海軍航空隊独特の世界の中で、いつも悠然と、独特の風格をさえそなえて、日々の任務をむしろ楽しんでいるかのようであった。

いつ、いかなる状況の下でも、重治の微笑をうかべた明るい表情と、いばらない、大声をださない、怒らない、豪傑ぶらない言行は、ひとつも変わることがなかった。上官、同僚は重治に親しみをこめて、「ぶつ」と呼び、部下たちは信頼と親愛をこめて、「ぶつオヤジ」と呼んだ。

彼は、恐怖を知らず、いつ、いかなるときでも、平然と機上の人となった。

愛機との出合い

徐州が陥落した。第十二航空隊には、退却する中国軍に対する追撃命令が下った。

九六艦攻に、六十キロ陸用爆弾六発を積んでの爆撃行が展開された。連日の偵察飛行で半ば腐りきっていた艦攻操縦員たちは、歓声をあげて喜んだ。村田艦攻隊の周囲には、護衛の中島艦戦隊の九六艦戦がスイープしながら飛行をつづけていた。

安慶が陥落するや、第十二航空隊は、ただちに安慶市街の飛行場に移動した。

七月中旬からはじまった九江攻略戦に呼応して、十二空の搭乗員たちは、一日に、二回、三回と、爆撃行をつづけたそうである。休む間とてない爆撃行で、人間も飛行機も、疲労の極に達した。しかし、十二空の士気は、いささかも衰えなかった。

七月二十四日、九江が陥落した。

八月十二日、村田指揮官機を先頭に、九機の九六艦攻隊は、漢口大空襲にくわわり、五十四発の六十キロ爆弾を投下した。

この大空襲には、台湾の高雄基地からも中攻二十七機が参加している。戦闘機、攻撃機、あわせて百余機の大編隊による爆撃行であった。

翌八月十三日付、海軍大尉村田重治は、叙勲の栄に浴した。彼は、勲五等に叙せられ、瑞宝章を授けられた。

第十二航空隊の艦上攻撃機使用機種の変更について、分隊長村田重治に知らせがあったのは、昭和十三年の九月にはいってすぐのことであった。中島製の一〇試艦攻、つまり九七式一号艦上攻撃機が配備されるという、すばらしいニュースをうけたのである。

中島製一〇試艦攻の初飛行は、昭和十二年一月十八日、そして海軍における各種の審査飛行に合格して、九七式一号艦上攻撃機（略称九七艦攻）の名のもとに、制式兵器として採用されたのは、同年十一月二十八日のことであった。

作戦会議中の村田重治大尉。受話器をあて、体をのりだしている。事変中、海軍航空隊で彼を知らないものはなかった。

重治は、交替で艦攻隊員を南京基地へ派遣し、九七艦攻の操縦講習ならびに飛行訓練への参加を命じた。

この新型機については、重治は話に聞いて知っていたが、実際、いま目前で見る九七艦攻は、それまで耳にしたこと以上に斬新な、すばらしい飛行機だった。

低翼単葉も、複葉の九六艦攻になじんだ目には、革命的な新しい魅力であったが、くわえてこの飛行機は単発機としては日本で初めての引込脚を持っていた。流れるような美しい機体を前にして、重治は、感動をおぼえた。

「こいつは、すごい」と、思わずひとりごとが出た。

主翼の上方折畳み、蝶番《ちょうつがい》式インテグラルタンク、ファウラーフラップ、可変ピッチプロペラ、引込脚と、こいつはいままでの飛行機とは違った機構をもち、そのうえほれぼれするような美しい機体をしていた。

重治は、愛するものにそっと指を触れるように銀色に光るジュラルミンの機体にふれた。これが、戦死する瞬間まで、つねに彼とともにあった九七艦攻と村田重治の、初の出合いであった。

村田重治らは、最初の二日間を講義ですごした。講師は、中島飛行機から派遣された技師であった。二日間の受講が終わって、引きつづき三日間の操縦訓練にうつった。

九七艦攻の操縦桿を握って南京の空を飛びながら、重治は、海軍の飛行機乗りになった喜びに酔った。お前という奴は、まったくたいした野郎だと、重治は、九七艦攻にそう呼びかけたい思いにかられた。

九七艦攻よ、今日からはお前がおれの嫁であり、おれの娘だと、そう呼びかけたい思いであった。

興奮がつづいた五日間がすぎ、重治らは、九七艦攻の編隊を組んで安慶基地へ帰還した。搭乗員たちが、村田機を囲んで集まった。艦戦分隊長中島正らの目にも、九七艦攻の機体は眩しかった。彼らは、いっせいに、九七艦攻の引込脚に注目した。

無類の操縦性を誇った九六艦戦は、もちろん、固定脚であったのに、いま、目前に見る村田機の美しい機体を支えているのは、引込脚であった。

九七艦攻の操縦席から下りた村田重治は、いかにも満足そうに、白い歯を出して笑っていた。

九七艦攻による初陣は、九月十日に行なわれた武穴鎮爆撃であった。それぞれ六十キロ爆弾六発を積んだ九七艦攻七機は、村田指揮官機を先頭に、安慶基地をつぎつぎと離陸した。

この爆撃に参加した森拾三二空の手記によると、

『いままでの飛行機（九六艦攻）は複葉で、巡航速力八十ノットであったが、今度は百三十ノット、なんと五十ノットも違うので、三十分も飛ぶと、目的地の上空に出てしまった』そうである。

この日の爆撃行で、森機は、六番シリンダーのピストン不良のため、一時は自爆を決意したが、ようやく陸軍飛行場に不時着し、翌日、ぶじに安慶基地へ帰投している。

やがて、第十二航空隊は、基地を九江飛行場へ移動した。

この飛行場には、しま蛇が多く、若く元気な搭乗員たちの手によって、二十四ほどがとらえられた。天幕の裏で火を燃やし、串ざしにしたしま蛇を焼いて、醤油をつけて喰ったが、これはなかなかの味で、あっという間に全部の蛇を喰ってしまったと、森拾三氏は、手記の中で書いている。

重治が、蛇料理の野外食卓にくわわったかどうかは分からないが、若手艦攻隊員たちの奇抜な手料理を見逃す彼ではない。多分、おすそわけにあずかって、中島正大尉にも半分すすめたのではないかと、そんな気がしてならないのである。

十一月六日、第十二航空隊は、占領した漢口飛行場に移動した。

十一月八日、村田分隊長機を先頭に、九機の九七艦攻は、つぎつぎと漢口飛行場を発進、常徳爆撃に向かった。

この爆撃行で、森機は燃料が切れ、揚子江岸から二キロほど離れた畑の中に不時着した。三名の搭乗員たちは、農民らしい中国人から飯と干魚の馳走をうけている。食べ終わったころ、爆音が聞こえてきて、九七艦攻が一機、それも五十メートルの低空で飛来した。

森拾三二空をはじめとする三名の搭乗員たちは、小屋を飛び出して、万歳、万歳を連呼した。根元三空曹が、上空を旋回する九七艦攻に、三名のぶじを手旗信号で知らせると、頭上の機は、「了解」と、バンクの合図でこれに応じた。

やがて、この機は、「しばらく、この位置にて待て」という命令書を入れた報告球を落とし、揚子江上流めざして飛び去ったが、すぐに上空にひきかえし、ふたたび報告球が投下された。急いで拾いあげてみると、

「飛行機の飛ぶ方向に歩いていけ。陸戦隊が来る。分隊長」と書かれてあった。

森拾三二空はじめ三名の搭乗員は、分隊長村田重治大尉じきじきの捜索だと知り、まったくもって申しわけなし、御心配をかけましてと、空に向かってつぶやきたくなるほど、感謝の気持でいっぱいだった、と述懐している。

森拾三二空をはじめとする三名は、ぶじ陸戦隊に救出され、掃海艇に収容された。それを確認した村田機は安心してバンクの合図を送り、漢口飛行場をめざして飛び去ったという。

十一月十五日、第二連合航空隊にたいし、支那方面艦隊司令長官及川古志郎より、部隊感

状が授けられた。四月三十日にも部隊感状をうけているので、第二連合航空隊にとっては、これが昭和十三年度、二度目の感状となったのである。

「感　状

第二聯合航空隊

昭和十三年八月二十二日漢口攻略戦開始セラルルヤ敵航空兵力ヲ制圧駆逐シテ其ノ活動ヲ封ズルト共ニ海軍遡江作戦部隊ニ協力シテ江岸敵陣地ヲ制圧シ頑敵ノ飽ク迄其ノ進路ヲ阻マントスルヤ大飛行機隊ノ連続爆撃ニ依リ一挙之ヲ潰滅シテ進撃路ヲ啓キ又複雑多岐ナル陸軍各方面ノ戦闘ニ協力シテ偉功ヲ奏シ特ニ友軍戦線ニ反撃シ来レル優勢ナル敵ニ対シ猛烈果敢ナル攻撃ヲ加ヘテ局面ヲ打開シタルノミナラズ雄大ナル攻撃力ヲ以テ反覆敵後方拠点交通機関軍事諸施設ヲ撃破スル等作戦全局ノ進展ニ寄与スル所極メテ大ナリシハ其ノ武勲顕著ナリ

仍テ茲ニ感状ヲ授与ス

昭和十三年十一月十五日

支那方面艦隊司令長官　及川古志郎」

茶目な分隊長

昭和十三年十二月十五日、海軍大尉村田重治は航空母艦「赤城」の分隊長を命ぜられた。

彼の生涯にとって、もっともなじみの深い飛行機といえば、九七艦攻であったように、もっとも関係の深い母艦といえば、この「赤城」であった。

重治と「赤城」との関係は、この日にはじまって、太平洋戦争開戦劈頭のハワイ真珠湾攻撃を頂点とし、昭和十七年六月五日のミッドウェー海戦までつづいている。この日、重治は「赤城」の最期を見とどけたのであった。

「赤城」が所属していた部隊は第一航空戦隊で、司令官は小沢治三郎、艦長は、草鹿龍之介であった。

飛行隊長は、ハワイ真珠湾攻撃の総指揮官をつとめた海軍少佐淵田美津雄で、彼は源田実少佐と海兵五十二期の同期であり、気風の荒い、文字どおりの荒武者で名がとおっていた。淵田飛行隊長をはじめ、日本海軍航空隊粒よりの荒武者が、「赤城」へ集まっていたのである。

飛行隊長の淵田少佐にすれば、同じ艦攻隊の分隊長として、実戦の体験を充分に積んだ村田重治を迎えることは、大いにお気に召した人事であった。それは、重治にとっても、まったく同感であった。

淵田飛行隊長の下で、分隊長をつとめ、月月火水木金金の日本海軍独特の猛訓練に参加することは、彼にとって望むところであった。

「ぶつ」が来る、「ぶつ」さんが分隊長として来るそうだという噂が、艦攻搭乗員の間で流れはじめた。

「パネー号」事件以来、「ぶつ」の名前は、海軍航空隊で知らぬ者はないほど有名になっていた。

艦攻隊員たちは、どのような荒武者がくるのかと、「ぶつ」着任の日を、心待ちにしていた。

年度	戦闘飛行種別	飛行機隊種別		主要研究訓練項目
昭和十四年度	甲種戦闘飛行	艦攻	雷撃（昼間）	①対空警戒厳重なる艦隊に対する襲撃法 ②遠距離集団攻撃法（陸攻）
		陸攻	雷撃（夜間）	①夜間警戒航行中の艦隊に対する襲撃法 ②夜間触接機との協同法 ③照明兵器使用法

△夜間雷撃法の演練（十四年度）	
①	夜間警戒航行中の艦隊に対する雷撃法
②	夜間触接機との協同法
③	照明兵器使用法
	（以上、母艦攻撃機隊）

一機の九七艦攻が、着艦した。艦攻隊員たちが見まもる中で、機より下り立った男は五尺三寸の（約百六十一センチ）小柄な男で、体軀は頑丈そうであったが、荒武者とはおよそ似つかぬ柔和な顔つきをしていた。それが「ぶつ」であった。

部下たちが、重治に惚れこむのに、日数はかからなかった。猛訓練の合い間の休憩の一刻、彼は持ち前の茶目ぶりを発揮して若い搭乗員たちを笑わせつづけた。部下たちは、この分隊長に接して、「ぶつ」のあだ名の由来がよく理解できたのであった。

昭和十四年度、第一、第二航空戦隊並びに第一連合航空隊にあたえられた戦闘飛行主要訓練項目は、前頁のとおりであった。

重治は、戦闘飛行訓練となると、じつに細心大胆なおそるべき操縦力量を、遺憾なく発揮した。

とくに、雷撃となると、壮絶としかいいようがないほど、すさまじかった。彼に率いられた「赤城」艦攻隊員の練度は上がり、その士気は、当たるべからざるものがあった。ここにそれを証明する数字の資料がある。(次頁表)

いまや重治は、率先垂範の細心大胆な恐るべき操縦技能力と、日ごろの温和で茶目な彼の持ち味で、若い部下たちの心を、完全に掌握してしまっていた。

部下たちは、彼を分隊長としていただいたことに、喜びとともに、大きな誇りを抱いた。そして「ぶつ」分隊長のためになら、いったん事ある場合、喜んで生命を投げだそうと決意したのであった。

昭和十四年一月三十日、「赤城」は、南支方面へ向けて、佐世保軍港を出港した。台湾の高雄軍港へ帰着したのが、二月十九日であった。

同年三月二十二日、「赤城」は鹿児島県の有明湾を出港、ふたたび南支方面へ向かった。

ともに、海南島攻略作戦に従事するためであった。

作戦が終わって佐世保軍港へ帰着したのは、四月二日のことであった。

村田家に残された重治の遺品の中に、「赤城」の艦姿を浮き彫りにした、合成樹脂製の文鎮があった。それには、「皇紀二五九九　軍艦赤城海南島攻略記念」という文字が彫られている。

「赤城」が佐世保軍港に帰着したその日、重治は九七艦攻の操縦桿をにぎって、大村海軍航空隊基地へ飛んだ。

大村の官舎で夫の帰りを待っていた妻貞子は、重治が一匹の猿をつれて帰宅した姿を、そこに見た。

海南島からつれて帰宅したこの猿に、彼は、「モン公」と名づけて、格別の愛情をそそいだ。「モン公」もまた、重治によくなついて、主人が帰宅すると、喜んで座敷を走りまわったという。

ぶっきらぼうな彼ではあったが、かわいい娘であった一粒ダネの治子を亡くしてからは、多少、家庭的なさみしさ

◎昭和十四年度連合艦隊甲種戦闘飛行（夜間雷撃）における総合成績

要項	発射雷数	到達数	命中数	命中率	故障雷数	記事
赤城	一〇	一〇	六	六〇	〇	(一)使用機 「赤城」九七式一号艦攻 「木空」「鹿空」九六式陸攻 (二)魚雷制式 「赤城」九一式魚雷
木空	九	七	一	一四	二	
鹿空	五	五	〇	〇	〇	
総合	二四	二二	七	三二	二	

を感じたもののようである。作戦出動のときは、「可愛がって育ててくれ」と、モン公のことを妻に頼むのを忘れなかった。

「モン公」は、島原の実家で飼われることになった。家人に「モン」と呼ばれたこの猿のために、庭の蜜柑の木の下に、猿小屋がつくられた。「モン公」は、いつも、この蜜柑の木にくさりでつながれていた。

「モン公」は、何でもよく食った。「モン公」が写った写真はわずか一枚で、重治の母キヨに抱かれた孫の和雄に、言葉でもかけているような格好の「モン公」のすがたが、古い写真帳の中にいまも残っている。

昭和十四年八月三十日付、海軍中将山本五十六は、連合艦隊司令長官兼第一艦隊司令長官に補せられた。

当時の新聞は、大きな見出しをつけて、

「波さわぐ洋上へ

六年ぶりの出陣

沈黙の威圧、山本提督」

と、これを報じ、さらに彼の就任第一声として、つぎのように報じている。

「いろいろと問題はあったが、自分としては出来るだけの努力をした。このたび、身にあまる重任を拝して恐懼にたえないが、微力に鞭うって御奉公するつもりだ。この意味で自分の決意も決まっている」

また、山本五十六は、連合艦隊司令長官就任にあたって、各指揮官、幕僚を前にして、

「私の責務は、自分の全力を尽くすことである。諸子の責務もまた、同じである」

と、簡潔な挨拶を力強く述べたそうである。

翌十月、日向灘で実施された「一二三作業」大演習で、もっともいい成績を挙げたのは、「赤城」の艦攻隊であった。

この日、山本司令長官は、旗艦「長門」の戦闘艦橋で、実戦さながらの大演習を視察していた。

この演習の後、山本長官は、第一航空戦隊司令官小沢治三郎少将に賞賛の電文を発した。

「山本五十六というのは、イギリスやアメリカ好きで弱いらしいぜ。腰抜けとちがうか」

といっていた淵田美津雄飛行隊長も、司令長官からのこのお賞めの電報がよほど嬉しかったと見えて、

「腰抜けや思うとったら、ちょっと違うぜ。今度の長官、案外やるやないか」

と、あらためて山本五十六を見なおし、山本の人物の大きさに惹かれるものを感じはじめたのも、このときからであった。

昭和十四年十月十五日付、海軍大尉村田重治は、横須賀にあった海軍練習航空隊特修科学生を仰せつけられた。彼が専修したのは、雷撃科目であった。それもただ一人の雷撃専修学生であった。

横須賀海軍航空隊内の特修科高等学生として、雷撃を専修した重治について、中島正氏が「互和」のなかで、まことに愉快なすっぱ抜きをやっている。

『ぶつ氏は、大東亜戦争緒戦における敵艦艇に対する浅海面雷撃法をつくりだした立役者である。

彼は、それより前に、横須賀航空隊の高等科学生で雷撃を専修した。そして、その卒業成績は、首席であった。

この事実には、彼を知る者は、ちょっと、不思議がるだろう。なぜならば、彼は、点数になることにはあまり努力せず、点数にならぬことばかり勉強した一人なのだから。

しかし、種をあかせば納得してもらえると思う。

なにしろ、雷撃学生は、その人数は一人だったのだからで、すなわち、首席でまた、ビリッケツであったのである。

彼は、その研究修練の実力をもって、南九州の志布志湾で雷撃法を練り上げ、真珠湾の赫赫たる武勲となったのである』

当時、特修科学生といえば、高等学生、特修科練習生とをとわず、全海軍航空隊より選びぬかれた生徒たち（士官・下士官たち）であって、彼らは文字どおりここで名人教育をうけたという。

島原半島の瑞穂町西郷に住む尾崎才治氏は、予科練三期生の元海軍大尉である。

彼は、昭和十五年五月一日に第一期特修科練習生としての教育を開始され、同年十二月三十日に卒業の日を迎えている。

彼は、爆撃専修であったが、第一期の特修科練習生の中に、雷撃専修生は一人もいなかったというから、横空内の海軍練習航空隊で、雷撃専修生徒は、村田重治大尉、ただ一人だったわけである。

第一期特修科練習生として全海軍航空隊から選びぬかれたのは、なんと十四名という少ない数であった。このうち、卒業したのは、十二名であったという。

彼らが入隊したのは、海兵六十期と同じ昭和四年であった。当時、尾崎氏は満十五歳の少年であった。

この尾崎下士官と同じ特修科練習生の中に、航空母艦「加賀」で、村田重治といっしょだったという金井昇一、小林省松という二人の下士官生徒がいた。彼らは、高等科学生として重治が同じ隊にいることを知るや、「ぶつさんがいる。ぶつさんがいる」といって喜んだということである。

もちろん、尾崎下士官は、同じ島原半島出身の村田大尉のことは、よく知っていた。

彼らは、重治のことを「ぶつさん、ぶつさん」と呼んで、くめども尽きぬ重治の人柄に、限りない敬愛の情を寄せたという。

学生たちは、余暇に野球をして楽しんだそうだが、重治は、よく捕手をつとめ、たまには投手となったそうである。

爆撃専修生であった尾崎下士官は、のち、昭和十七年四月二十七日の一式陸攻によるポートダーウィン爆撃で、カーチスP40戦闘機の機銃弾をうけ、左手を失って内地送還され、その後、三重県鈴鹿航空隊の教官を拝命し、終戦を迎えた。

その彼が、昭和十七年一月、高雄航空隊在任中、飛行長であった須田桂三中佐から、

「尾崎、貴様、島原だろう?」

ときかれている。

「どうして分かるのですか」

とき返すと、須田中佐は、つぎのように答えたそうである。

「島原の人間は日本一、人がいい。見ていると、『ぶつ』とか、峯とか、貴様とか、よう似とる。だから、そう思ってたずねてみたのだ」

ちなみに、「峯」とは、島原半島吾妻町の教育長をつとめた峰明氏の実弟で、当時、高雄航空隊分隊長をつとめていた峰宏氏のことであった。

タラント雷撃戦の教訓

昭和十四年の秋から冬にかけたある日、重治は、久々に故郷島原の土を踏んだ。

「秋から冬にかけたある日」などという、あいまいな表現を用いたのは、帰郷の月が、家族の記憶にはっきりと残っていないからである。そして、これが、村田重治にとって、最後の帰郷となったのであった。

古いアルバムに残された当時の写真を見ると、重治は、背広姿で、厳父圓《まどか》の後ろに立って写っている。

重治にとって最後の帰郷となったこの数日間も、戦争や猛訓練の話となると、重治は固く口を閉ざしてしまって、一言も家族の問いに答えなかったという。

父圓が、パネー号事件のあと、全家族がたいそう心配したこと、あの事件は、噂どおり、本当に重治、お前がやったのかとたずねたときも、重治はフフンと鼻先で笑ったきり、なに一つ答えなかったそうである。

航空隊の世界では、あれほど茶目な一面を見せる重治であったが、帰郷すると、まったく別人のようであった。

愛猿「モン公」とたわむれ、また大好きだった「ボレロ」や「ユーモレスク」の音楽を、かるく眼を閉じて、ひとり静かに聞き入っている重治の表情からは、いつも死と対決して闘っている艦攻操縦員のきびしさなど、微塵も感じられなかった。

艦攻操縦員としての神経と体力の極限にちかいまでの酷使を、重治は、そうすることによって癒《いや》しているかのようであった。

一日、重治は、妻貞子の見ている前で、絵筆をにぎり、絹布に浮世絵風の美人画を描いたことがあった。

日ごろの重治の性格からは信じられぬような繊細な線と、じつにたくみな筆さばきで描かれたこの絵は、まずだれが見ても、素人の作風ではなかった。この絵は、いまも、生家にのこされている。

あと一枚の作品は、ジャンクを描いた、これまたじつに達者な絵であるが、このほうには左下に「大業」という署名がある。

この「大業」という画号が、重治の画号であるかどうか、貞子夫人も、実弟正二氏も知らなかった。

この二枚の絵は、似ているといえば似ているし、そうでないといえば、そうとも思える作品であるけれども、私には、この二枚の作品が、重治によって描かれたに違いないと思えてならなかった。とすれば、「大業」という画号のもつ意味が興を惹く。

たしかに、妻貞子が見ている前で重治が描いた美人画には、署名がまったくない。が、もしこの「大業」という文字が重治の画号だとすれば、国家存亡を賭した一大事突発の暁には日本海軍伝統の肉薄攻撃そのままに魚雷を抱いて突入し、一身を捨てて「大業」をなしとげようという重治の信念が、そのままこの画号にこめられているような気がしてならないのである。

昭和十五年四月二十九日、天長節の佳き日、海軍大尉村田重治は「支那事変ニ於ケル功ニ依リ、功五級金鵄勲章、勲四等旭日小綬章及び金参千五百円ヲ授ケ賜フ」叙勲の栄に浴し、並びに「支那事変従軍記章」を授与された。

重治の特修科高等学生としての雷撃専修は、昭和十五年五月いっぱいつづいた。その間、重治夫妻は、鎌倉市大町名越の家を借りて住んだ。

昭和十五年六月一日付、重治は、大村海軍航空隊分隊長を命じられた。

この日から、同年十一月初旬までつづいた大村での生活は、妻貞子にとって、もっとも楽しい日々であったに違いない。朝から夜まで、貞子の耳に響いた爆音をのぞけば、ともかく平穏無事な日々がつづいたのであった。

現在、村田家で使用されている小さな応接台も、重治夫妻が購入使用したものであるが、貞子夫人が家具の一つでも買って帰ると、

「また、そんなに道具を買って。お前たちは、転勤してまわるのではないか」

と、父圓の叱声が飛んだ。

重治が内地赴任をしたのは、横須賀と霞ヶ浦と大村の三ヵ所であって、貞子も、そのつど鎌倉と土浦と大村の三ヵ所の借家に移り住んだ。が、重治が艦隊勤務となると、貞子夫人は即刻、島原の実家へもどらなければならなかった。

一日の猶予も許されなかった。これが、厳父圓の、息子の嫁にたいする躾であった。

貞子が、鎌倉市大町名越の家での住まいから久々に帰宅するときなど、重治の実弟正二の妻多賀子には、貞子姉が見違えるような美人に見えたそうである。髪の形、化粧から和服にいたるまで、まるで違う世界の人のように目に映じたという。

昭和十五年十一月十一日夜、イタリーのタラント軍港に碇泊中のイタリー戦艦群を、英国

の空母から飛び立った「ソードフィッシュ」雷撃機隊が、月明を利してこれを急襲、大損害をあたえたというニュースが全世界に報じられた。

この戦闘は、司令長官山本五十六をはじめとする日本海軍航空隊関係者にとって、大いに注目すべき戦いであった。

いま、この「タラント戦」の状況を、山本長官の真珠湾奇襲構想に大きくかかわっているので、ドナルド・マッキンタイヤー著、寺井義守訳『空母〈日米機動部隊の激突〉』より引用する。

『タラント軍港は、イタリーでもっとも立派な軍港で、外港と内港とから出来ている。

外港（マーレ・グランデと呼ばれている）は、西側に面した約七十キロの広さの半円形の湾で、西側には、サンピエトロ島と、少し小さいサンパウロ島があり、これらのあいだは防波堤で結ばれている。また、湾の南側からも防波堤（ディガ・ディ・サンビトと呼ばれている）が伸びていて、サンパウロ島との間に狭い通路をのこして、これらの防波堤が湾をかこむようになっている。

もう一つの防波堤（ディガ・ディ・タラントラという）は、さらに東よりにあって、南岸から二十七キロほど伸びており、これは主艦隊錨地を形づくっている。

また、マーレ・グランデ港の北西岸から、狭い水道がタラント市街を通って陸地で囲まれた内港（マール・ピッコロ）に通じている。

一九四〇年（昭和十五年）十一月十一日夜、イタリーの全戦艦戦力、すなわち最新式の

「リットリオ」「ビットリオ・ベネト」と、四隻の近代式に改装された旧式戦艦「ギュリオ・チェザーレ」「カイオ・ドゥイリオ」「アンドレア・ドリア」「コンテ・デイ・カブール」の主力艦隊が、外港のタラントラ防波堤の内側のブイにつながれていた。

防波堤の端から二重の防雷網が張られており、防波堤近くに三隻の駆逐艦が碇泊していた。また、防雷網と防雷網の間には、巡洋艦「ゴリチア」「ザラ」「フイウメ」が碇泊し、さらに四隻の駆逐艦が、防雷網の外側に碇泊していた。

またマール・ピッコロには、巡洋艦「トリエステ」「ボルザリーノ」の二隻と、駆逐艦四隻が、ブイにつながれていた。

残りの駆逐艦と巡洋艦「トレント」「ポーラ」は、南岸にある工廠の岸壁に艦尾をむけて碇泊していた。

じつは、イタリー海軍は、この〝ジャッジメント〟作戦のような攻撃がおこる可能性について、充分考えていた。

その上、最近になって、毎日のようにやってくる写真偵察機の行動は、彼らにいっそう、警戒の気持を抱

英海軍が誇る艦上攻撃機「ソードフィッシュ」——タラント攻撃の教訓は大きく、村田にとっても他人事ではなかった。

かせていた。

しかし、一万二千八百メートルの長さの防雷網を張ることが計画されていたが、そのときまでに、やっと四千二百メートルが張られていたに過ぎなかった。

また、敵機の侵入をふせぐ阻塞気球は、タラントラ防波堤の西側から艦隊泊地の北西方向と、湾の南東岸に沿って設置されていたが、その前に襲った暴風の被害さえなかったら、さらに六十個の気球があげられていたはずであった。その結果として、気球と気球の空き間が泊地の西側と北側、それに東側にできていた。

対空砲火の防御では二十一門の十センチ砲群と、各種口径からなる約二百梃の機関銃が、陸上および海上に、とくに低空で侵入する雷撃機に備えて設けられていた。また、軍艦に装備されているもののほか、二十二基の探照灯が陸上や海上の浮きドックに装備されており、これらは常に警戒配備についていた。

写真偵察によって、防雷網と気球の配備の全貌があきらかとなり、雷撃機が魚雷投下に利用できる空間にも、制限があることが分かった。このため、雷撃機の数を一波六機ずつで、二波の十二機、雷撃機以外の攻撃機九機の計二十一機で攻撃することになった。

雷撃以外の攻撃機は、外港の東側に照明弾を投下、係留中の軍艦を影絵のように浮かびださせるか、または内港内の軍艦を急降下爆撃するために派遣されることになった。

◇月明の夜攻撃開始

十一日午後八時少しすぎ、「イラストリアス」は、発艦予定位置に到着した。第一波の攻撃十二機の「ソードフィッシュ」は、甲板上で発動機を始動し、空母は風向きに合わせて位置した。

発艦の合図が出され、一番機は、うなりを立てて甲板を離れた。魚雷と、補助燃料タンクを積んでいるので、いかにも重そうに空へあがっていった。

午後八時四十分までには、全機が発進し、月齢十日すぎの月光に、銀翼を輝かせながら、澄んだ大空に、ゆっくりと上昇した。

飛行隊長のケネス・ウイリアムソン少佐が指揮官となり、N・J・スカーレット大尉が観測員として同乗した。

これら「ソードフィッシュ」は、時速百三十五キロ前後の悠々たるスピードで、ゾッとするような目標に向かって、二時間半の飛行に飛びたったのである。

目的地まで、まだ五十キロ以上もあるのに、港の南岸の高射砲陣地からは、早くも射撃する閃光が見えて来た。

これは、イタリー軍が聴音機で、飛行機隊の接近をとらえ、侵入を阻止するための砲火を開いたものだった。

ここで、雷撃機は、他機と別れた。残りの飛行機は、まっすぐ、マレー・グランデの東岸に向かって飛び、そこで照明弾を投下するのだが、雷撃隊の方は変針して、結局、西方から目標に近づくことになった。

午後十一時かっきりに、最初の照明弾が、空中に輝き、これにつづいて一連の信号弾が光り輝いた。これは、雷撃隊に対して、イタリーの防御砲火の嵐を衝いて攻撃行動にうつれという合図だった。防御砲火は、港の各所から、いっせいに挙がった。

◇砲火おかして攻撃

三機の雷撃機は、飛行隊長にひきいられて、まっすぐ、サンピエトロ島上空から高度百メートルで南側の阻塞気球線を通過、タラントラ防波堤上空に出た。奇蹟的にも、気球繋留索を避けることができた。

魚雷は、付近にいた戦艦「カブール」に向けて発射された。二機の雷撃機は反転して、進入路と逆に外に逃れたが、碇泊艦すれすれに飛んだため、猛烈な砲火の雨のなかを、くぐりぬけなければならなかった。だが、二機は無事に退避することができた。

ウイリアムソン少佐機は、真っ先に攻撃したため、集中砲火を浴びた。彼が投下した魚雷は、駆逐艦「フルミーネ」をかすめて戦艦「カブール」に命中した。彼の飛行機は、海中に突っ込んだが、少佐とスカーレットは捕虜となった。

別の雷撃機三機のうちの一機は、二つの阻塞気球線の間をすりぬけて、戦艦「リットリオ」の左舷後方に魚雷を命中させた。他の二機は、北方の気球線をまわって同じ目標を攻撃し、一機が「リットリオ」の右舷艦首に命中させた。この三機は、ともに、あちらこちらから発射される砲火をまぬがれて洋上に逃れ、母艦までの長い帰還飛行についた。

第一波の他の六機の「ソードフィッシュ」は、マール・ピッコロ（内港）の艦船や施設を爆撃したが、不発が多く、攻撃は失敗に終わった。それでも、この爆撃で貯油所を破壊し、水上機基地を火の海にして、イタリー軍を牽制、雷撃機の攻撃を援助する役割を果たした。

◇第二波も出撃

攻撃隊の第二波は、第一波の出発一時間後――第一波は目標に接近しつつあった――発進した。第二波の指揮官は、J・W・ヘール少佐だった。

攻撃隊はわずか八機で、五機が雷撃機、三機が爆撃機だった。この八機も、あやうく七機に減るところだった。というのは、甲板にならべているときに、一機が損傷をうけて修理にまわすことになったのだ。しかし、この飛行機の搭乗員クリフォード、ゴーイング両大尉の熱心な嘆願がかなえられて、二十四分後に、単機で発進することが許され、僚機がすでに攻撃中に、やっと現地に到着できた。

第二波の雷撃機は、全部北方から進入した。一機は「ドゥイリオ」を攻撃し、魚雷を命中させた。二機の攻撃で「リットリオ」の右舷に魚雷一本が命中した。四番目の雷撃機は、一時、フラップ（下げ翼）の故障で操縦困難となったが、それがなおったため、戦艦「ベネト」を狙ったが、惜しくもはずれた。

これら四機は、幸運に恵まれて、雨あられのように降り注ぐ対空砲火をくぐりぬけ、安全に逃れることができた。

五番目の雷撃機には、G・W・ベイレー、H・J・スローター両中尉が搭乗していたが、この機が攻撃したとき、大きな損傷をうけ、巡洋艦「ゴリチア」の近くに墜落、二人とも戦死した。

爆撃隊の方は、計画にしたがって照明弾を投下したあと、内港を攻撃したが、今度もまた、第一波同様、不発弾が多く、失望するばかりであった。一弾は巡洋艦「トレント」に命中したが、これも不発であった。

第二波の最後の機が、攻撃を終わって帰途につくころには、帰還中の第一波の飛行機は、空母の上空を旋回していた。

十二日午前一時二十分ころから着艦がはじまった。それから一時間半、すべての飛行機が着艦するまで、艦隊の隊員たちは、一機また一機と夜空からあらわれて集まってくる飛行機を、気づかいながら待ちわびた。

結局、二機だけが未帰艦となり、そのほかに二機が損傷をうけたにとどまったことは、本当と思えないほど、すばらしい出来事であった。

このようなわずかな損失で、相手のイタリー艦隊に大損害をあたえたことは、両国の艦隊が、洋上で正式な海上戦闘を交えた上での戦果としたら、イギリス海軍の大勝利と判定されるだろう。

誇りたかい戦艦「リットリオ」は、三本の魚雷をうけて動けなくなり、上甲板は水に洗われて、以後四ヵ月以上も、戦闘への参加が不可能となった。

「ドゥイリオ」と「カブール」は、二隻とも海岸に乗り上げなければならなかった。「ドゥイリオ」は、一九四一年五月まで、「カブール」は、戦争終結まで、戦闘行動は不可能であった。

第一次世界大戦中、ビーティ提督が、空母「アーガス」の「クックー」雷撃機をもって港内にひそんでいるドイツ艦隊を攻撃しようとした提案は、海軍省から拒絶されたが、その後、二、三年をへて、海上航空兵力によって、海軍作戦の新時代が始まったのである』

この「タラント雷撃戦」が、日本海軍にあたえた教訓は大きかった。

連合艦隊司令長官山本五十六大将は、日米戦避け得ざる場合、好機、空母部隊をもって敵艦隊を奇襲攻撃することを対米戦略構想として抱いていた。

昭和十五年四月、軍令部の作戦課長に提示した「昭和十五年度連合艦隊作戦要綱」の第一要点に、そのことは明示された。

そして、これが、山本長官の真珠湾攻撃の着想の具体的出発と推察されているので、山本長官にとって、このタラント雷撃戦」の実証は、図り知れない大きな比重をもって、彼の決意をますます不動のものとしたに違いないと思われる。

また、この雷撃戦の実証は、村田重治にとっては、今後の予測される戦争における海軍の戦闘の勝敗を決するのは、航空戦であること、敵艦隊にたいする雷撃攻撃が、敵主力艦隊撃滅のための中心戦法であり、いかに効果ある戦法であるかを実証したものであるだけに、ま

名称	発動機	乗員	全幅	全長	全備重量	武装	上昇力	上昇限度	航続距離	最高速度	魚雷または爆弾
ソードフィッシュ艦攻	ブリストル・ペガサス 六九〇（馬力）	2〜3名	13.87(m)	11.07(m)	4,200(kg)	7.7ミリ機銃×2(旋回1)	1,500まで 10分	3,200(m)	1,650(km)（増槽使用）	224(km)（高度1,450m）	魚雷（730kg×1）爆弾（220kg×2 110kg×2）
九七式一号艦攻	光 七七〇（馬力）	3名	15.52(m)	10.30(m)	3,800(kg)	7.7ミリ機銃×1	3,000まで 7分55秒	7,400(m)	970(km)	360(km)（高度2,000m）	魚雷（800kg×1）爆弾（800kg×1）

った他人ごとではなかった。「タラント戦」の主役は、イギリス海軍が誇るフェアリー「ソードフィッシュ」艦上攻撃機（別名ストリングバグ）であった。この「ソードフィッシュ」艦攻は三座の複葉機で、風防のない開放座席と固定脚を持ち、最高時速は二百二十四キロメートルであった。

各種任務に使用できる驚くべき性能の飛行機だということで、好評を博した本機は、第二次世界大戦初期に、多くの輝かしい功績を樹てた。

これにたいするに、当時の日本海軍には、九七式艦上攻撃機があって、日本海軍最初の単葉全金属製引込脚の本機は、採用された当時、世界一の艦攻としての性能を誇っていた。

いま「ソードフィッシュ」艦攻と、日本海軍の「九七式一号艦攻」の性能を右表で比較し

てみる。(前頁表)

この表での比較で分かるように、性能は、わが「九七式一号艦攻」が断然すぐれている。

これは、「九七式一号艦攻」との比較であって、昭和十四年十二月には、発動機を「栄十一型」(ハ‐三五)九百七十馬力に強化した「九七式三号艦攻」が採用されているので、両機の性能差は、まったく問題にならなかった。

くわえて、航空魚雷の性能威力差である。タラント戦では爆弾の不発が多く、搭乗員の怒りを買ったが、七百三十キロ魚雷は、予想どおりの威力を発揮した。

日本海軍の航空魚雷は、九一式航空魚雷だったが、昭和八年に開発された艦船用の九三式六十一センチ酸素魚雷が、終戦時まで世界一の威力を自他ともに許したように、航空魚雷の性能も、文句なく日本側の方がすぐれていた。ちなみに、真珠湾作戦に使用された九一式改二航空魚雷のデータは左表のとおりであった。

全長	重量	炸薬量	圧縮空気	直径	雷速
五・四七〇(メートル)	八百三十八(キロ)	二百五十(キロ)	百五十～二百(キロ)	四十五(センチ)	四十二(ノット)

艦上攻撃機、航空魚雷で、日本海軍のそれが断然すぐれているとなると、残るのはパイロットの練度と力量であったが、昭和十五年度連合艦隊の前期訓練で、もっともその真価を発揮したのは雷撃であったことを知っている村田重治にとって、この分野での懸念は、まったくなかった。

このタラント港を急襲雷撃するのが、日本海軍航空隊だとしたら……という想定での研究に、重治は没頭した。

考えてみると、日本海軍航空隊の創設時代の大正十年、雷撃教育に使われた最初の飛行機は、イギリスから輸入された「ソッピーズ・クックー」であった。日本海軍のパイロットたちは、この飛行機で、イギリスから派遣されたセンピル使節団によって、教育をうけたのであった。

同年、イギリスから招いたハーバード・スミス技師らの設計によって「一〇式艦上戦闘機」（大正十年）、「一〇式艦上偵察機」（大正十年）、「一〇式艦上雷撃機」（大正十年）、「一三式艦上攻撃機」（大正十三年）が製作されたが、なかでも「一三式艦攻」は海軍随一といわれた実用性能を誇り、日華事変の初期まで、好評裡に使用された。

昭和七年に制式採用された「八九式艦上攻撃機」の原形となったものは、イギリスのブラックバーン3MR4で、イスパノスイザ発動機を装備していたが、このように、その創設時代、飛行機と搭乗員の訓練については、日本海軍航空隊は、イギリスをお手本として技術導入をはかったのであった。

あれからわずか十数年の間に、日本の航空技術は、世界最強の「零式艦上戦闘機」を日本人だけの手で開発し、世界一流の「九七式艦上攻撃機」と、「九九式艦上爆撃機」をつくり出すまでに、驚くべき進歩発展をとげたのであった。

そういうなかで、「タラント戦」が起きたのであった。

この「タラント戦」によって、戦艦中心の大艦巨砲主義は、過去のものとなった。それに

験が開始されたのである。九七艦攻による本実験を担当したのが、海軍大尉村田重治であった。

ここで、「安定機の考案と発射法の完成」という章を、『日本海軍航空史』より引用したい。

『飛行機から投下され、水面に射入した魚雷は、いったんは惰力によって、ある程度、沈入（この量を沈度という）するが、その後は深度機の作用によって自動的に操舵して、多少の波状運動を反覆した後、あらかじめ調定した一定の深度を保って、安定航走に移ることになる。（魚雷の射入点から調定深度を安定航走に移る点までの距離を、定深距離という）

一般に定深距離は、沈度に比例して増減すると考えられている。

14年2月、自宅での村田重治大尉。
横空で浅海面魚雷発射実験を担当。

さて、発射法の見地からすれば、沈度も定深距離もともに小であるほど有利であるから、技術的にその短縮が要求されることは、当然である。

それで、実際に飛行機から発射された魚雷の水中雷道を、精密に機械的調査を行なった結果、射入状態は良好であり、かつ、射入角は同一であっても、沈度にいちじるしく深浅の差があることが初めて発見されたので、その原因を究明し、対策を講ずることがもっとも重要な課題となった。

理論的に原因を探求することは不可能であったが、偶然の思いつきで、魚雷の上面に、明瞭な太い白線を画いて飛行機から投下し、着水するまでの魚雷の状態を、高速写真で撮影して調査したところ、ほとんどの魚雷は、空中で長軸のまわりを横転し、はなはだしいのは、空中で二回転くらい横転することを発見した。

かりに九十度横転して射入したとすれば、魚雷の縦舵機と横舵機は、反対の作動をすることになるので、射入状態はよくても、水中雷道の初期は、目茶苦茶になり、いちじるしく沈度が不軌となることは当然である。

この難問を克服するために生まれたのが、転輪を利用した安定機である。すなわち、魚雷が飛行機を離れる瞬間に、安定機が発動して、両側に突出した安定舵を操縦し、転動を防ぎつつ正しい姿勢で射入されるので、横舵の効きはよく、したがって、沈度は浅く安定し、定深距離も整一されて短くなり、水中雷道が非常に良好になる仕組みである。

安定機は、空中と水中の両方で作動しなければならないので、水中舵として適当な大きさ（八センチ角）の銅製の翼を魚雷に固着し、空中舵としては、さらに幅十二センチ、長さ二十センチの木製板をこれに継ぎ足して舵の利きをよくし、射入時の激流で、木製舵はとり除かれるようになっている。

魚雷の横転という、夢想もしない不可解な難問に直面して、文字通り不眠不休、寝食を忘れて、ついに奇想とも言うべき安定機の完成に成功した航空廠片岡政市少佐（のち中佐、病没）の功績は、特筆に値するものであり、同時にたびかさなる空中実験に、技術を信じ、労を惜しまず、これに全力をあげて協力した横須賀航空隊第三飛行隊の異常な熱意には、敬服のほかはない。

もちろん、安定機を完成するまでには、多数の協力者のあったことは認めねばならぬが、その中心は片岡少佐であった。

片岡少佐は、淡白謙虚な武人で、航空魚雷の改良に全身全魂を捧げ、まったく他をかえりみなかった。したがって、彼に長く接した者のほかは、その切磋琢磨の苦心を知る者は、はなはだ少ない。

かくて、空中実験において、安定機の効用はみごとに立証され、発射法上の諸懸案はいっきょに解決されたので、対艦船攻撃手段として、雷撃の価値を不動のものとした。

また、後節において記述する浅海面発射法も、技術上の問題としては、安定機の完成によって容易に解決し得たものである。

さらに、魚雷本体についていえば、当時、使用中の九一式魚雷は、安定を保持する必要上、頭部に空室があったが、安定機の装備によって、その必要がなくなり、空室にも炸薬を充塡して、威力を増大し得たことは、副産物とはいえ、その利点は看過できない。

安定機が制式兵器に採用されたのは昭和十六年六月ごろのことで、その年度の教育訓練用として、各部隊に供給することはできなかったが、そのころ予測された非常事態に備えて、三菱兵器製作所では血みどろになって生産に従事し、ようやく十一月末になって、安定機付改造魚雷百本が完成し、全母艦と一部陸上航空部隊に、「九一式魚雷改二」として供給しえたが、これがはからずも、真珠湾攻撃、マレー沖海戦の偉功となって報いられたのである』

このようにして過去における難問題を一つ一つ解決して、ようやく「浅海面発射」研究に着手したのであった。

まず、昭和十二年、横須賀航空廠嘱託村上佐氏（予備役大佐）によって「框板」が完成した。框板とは、厚さ十ミリくらいのベニヤ板を十文字に組み合わせ、これを魚雷の縦横鰭《ひれ》の後端にアルミ鋲でとりつけ、魚雷の射入と同時に水流で破壊、飛散する仕組みであった。

框板の考案実用により、魚雷の空中雷道が安定し、これによっていっきょに発射高度百メートル、速力百二十ノットに向上することができたのは、まさに雷撃法の一大進歩であった。

さらに引きつづき実施された発射実験においては、高度二百メートルの発射も、可能であることが確認され、昭和十四年度以降は、框板を使用する高々度発射に移行した。

そして、前述の安定機の考案であった。本機の装備によって、魚雷の転動防止にも目鼻がついた昭和十六年初頭においては、「浅海面発射」の実験研究にたいする技術的な考慮は、ほとんど無用であった。

機上実験を担当する横須賀海軍航空隊では、安定機付魚雷（のちにこれを「九一式魚雷改二」と命名）の整備につれて、発射実験を行ない、沈度十二メートルないし十五メートルとするための、適当な横舵機、初度発射高度および速力について実験値を求めただけで、簡単に解決することができた。

ただし、数多くの飛行実験を要することと、安定機付魚雷の整備に時日を要した関係上、意外に実験期間が長びいたために、その間の国際情勢の非常化に対処し、実験の促進を要望されたことは、一再ならずあった。

艦上攻撃機による本実験を担当した横須賀海軍航空隊分隊長村田重治大尉（のち大佐。戦死）が、実験終了後、「赤城」飛行隊長に任じられたことは、真珠湾攻撃とも関連して、全母艦雷撃操縦員に浅海面発射法の教育訓練を徹底して普及させるのに、まことに好都合であった。

第六章　沈黙の帰還

無敵艦隊、南へ

昭和十七年が明けた。

緒戦における大勝利に酔った日本国民にとって、この年の正月は、感動と興奮のうちに明けたといってもよかった。

昭和十六年十二月二十五日より昭和十七年一月七日までの期間は、源田実、淵田美津雄、村田重治という〝三つの田〟の男たちにとって、「対戦争内地待機」という名の期間であった。その期間こそは、わが生涯の輝ける日々であったに違いなかった。

重治は、「暗雲一掃して、曇天に碧空を見る心持です」と、書簡に書いているが、まさにそのとおりのすばらしい日々であった。

多くの国民が連合艦隊司令長官山本五十六へ感謝の手紙を書いた。政治家の緒方竹虎もまた、その一人であった。

山本五十六は、一月九日付で、つぎのような返書を書き送った。

「元旦の御懇辞不堪恐縮候。敵の寝首をかきたりとて武士の自慢には不相成かかれし方の恥辱だけと存候。切歯憤激の敵は、今に決然たる反撃に可転、海に堂堂の決戦か、我本土の空襲か、艦隊主力への強襲か、御批判はその上にて御願致度存候。

兎に角、敵の立ち直る迄に第一段作戦完遂、格構丈にても持久戦態勢迄漕附け度ものと祈念罷在候。

銃後の御指導は宜敷願上候」

昭和十七年一月八日、第一航空艦隊第一航空戦隊旗艦「赤城」は、内地を出港した。「ビスマルク」諸島方面攻略作戦に従事するためであった。

重治は、昭和十六年十一月十日いらいの「赤城」第三飛行隊長として、連日の偵察、雷爆撃の任務についた。「赤城」第一飛行隊長は、海軍中佐淵田美津雄、第二飛行隊長は零戦の板谷茂少佐。ハワイ攻撃そのままの陣容で、すべての点から推して、戦力は最高にたっしていた。

一月二十日から二十二日にかけて、ビスマルク諸島ラバウル飛行場、プライド砲台爆撃、二月一日から同七日まで、マーシャル諸島方面作戦に参加し、同二月八日から同二月二十一日まで、ポートダーウィン方面攻撃作戦、同二十二日から三月十一日まで、インド洋（ジャバ南方海面）攻撃作戦、三月十二日から四月二十二日の内地帰還まで、インド洋（錫蘭島）方面攻撃作戦従事と、寧日なき戦いの日々がつづいた。

そして、この間の戦闘は、作戦出動したほとんどの地域で敵を完全に制圧し、第一航空艦隊は「無敵航空艦隊」の威容を誇るに足るものであった。

この間の模様を、源田実氏は、その著『海軍航空隊始末記』（戦闘篇）の中で、つぎのように書いている。

『このときにおいて、母艦航空部隊の主力であり、真珠湾に偉功を奏した機動部隊が南西方面の作戦部隊に加わったことは、同方面に作戦する全部隊に、きわめて力強い協力者を得た感じをあたえた。それだけに、機動部隊に対する期待度も大であり、われわれとしても下手な真似はできなかった』

『機動部隊は、二月十五日、舳艫《じくろ》相ふくんでパラオを出港した。空襲部隊として第一航空戦隊「赤城」「加賀」、第二航空戦隊「蒼龍」「飛龍」、支援部隊は第八戦隊司令官の指揮する甲級巡洋艦「利根」「筑摩」「摩耶」「高雄」、警戒隊としては第一水雷戦隊旗艦「阿隈」以下駆逐艦八隻、それに補給部隊として輸送船六隻を加えた大艦隊であった』

『空中攻撃隊の発進に当たっては、全搭乗員を飛行甲板に集合して、各艦の艦長および飛行長から攻撃命令および敵情を伝達し、それが終われば、各空中指揮官から所要の命令および注意事項を各機の搭乗員にあたえて、すでに甲板上に翼をつらねて待機している各自の飛行機に搭乗するのを例とした。

各艦飛行機隊の発進準備が完了すれば、各艦は昼間ならば整備旗を掲揚し、夜間は発光信号をもって「赤城」に坐乗する機動部隊指揮官に報告する。このときまでには、全艦隊はすでに増速して戦闘速力で走っている。
各艦の飛行機隊発進準備完了をまって、指揮官は、「空中攻撃隊を発進せよ」の命を下し、旗艦が風上側に回頭すれば、各母艦いっせいに旗艦にならって風に向かい、爾余の各艦も同じく同方向に変針する。
毎回の攻撃隊発進ごとに、飛行甲板の勤務員および飛行機整備員たちは、一機一機の発艦ごとに帽子を振ってその壮途を祝福し、搭乗員またおなじく手を振って、これにこたえるのであるが、大空中攻撃隊が各母艦からいっせいに発進する光景は、まことに勇壮きわまるもので、真に懦夫《だふ》をして立たしむる概がある。
空中攻撃隊が発進を終了すると、ただちに残った戦闘機を甲板上に引き出し、そのうちおおむね各艦三機は発艦して空中警戒に当たり、その他は甲板上で待機するのをつねとした』
この間の村田重治の戦いの足跡を、見認證書に見ると、つぎのとおりである。
「見　認　證　書
海軍少佐　村田重治
右者昭和十七年一月二〇・二二日　赤城艦上攻撃機隊第二中隊長空襲部隊指揮官（操縦配置）トシテ
ビスマルク諸島ラバール飛行場　プライド砲台攻撃ニ参加　敵防禦砲火ヲ冒シ飛行場ニ対シ六番　砲台ニ対シ八〇番陸用弾全弾ヲ命中セシメ滑走路及附近造営物ヲ大破　砲台及附

近造営物爆破飛散セシメ甚大ナル効果ヲ収メタルコトヲ證認ス

昭和十七年一月二十二日

赤城飛行隊長海軍中佐　淵田美津雄」

「見　認　證　書

海軍少佐　村田重治

右者昭和十七年二月十九日　赤城艦上攻撃機隊第二中隊長（操縦配置）トシテ濠洲「ポートダウィン」要港在泊艦船攻撃ニ参加　港内繋留中ノ大型商船（四〇〇〇頓）一隻ニ対シ八〇番通常弾ヲ以テ爆撃右商船々首ニ至近弾（一〇米）ニ弾ヲ得之ヲ大破極メテ甚大ナル効果ヲ収メタルコトヲ證認ス

昭和十七年二月十九日

赤城飛行隊長海軍中佐　淵田美津雄」

「見　認　證　書

海軍少佐　村田重治

右者昭和十七年三月五日　赤城艦上攻撃機隊第二中隊長（操縦配置）トシテ瓜哇「チラチャップ」要港攻撃ニ参加　熾烈ナル防禦砲火ヲ冒シ港内繋留中ノ大型商船（三〇〇〇頓）二隻ニ対シ八〇番通常弾ヲ以テ爆撃　一隻ニ夾叉直撃弾ヲ得撃沈　一隻ニ至近弾（一〇

米）一を得之ヲ大破極メテ甚大ナル効果ヲ収メタルコトヲ証認ス
昭和十七年三月五日
赤城飛行隊長海軍中佐　淵田美津雄」

「見　認　證　書
海軍少佐　村田重治
右者昭和十七年四月五日　艦上攻撃機隊第二中隊長（操縦配置）トシテ　セイロン島「コロンボ」要港ノ敵在泊艦船攻撃ニ参加　荒天ヲ冒シ一〇一五同地上空ニ達シ熾烈極マル防禦砲火ヲ冒シ同港内北側桟橋横付大型商船（三〇〇〇頓）二隻ニ対シ八〇番通常弾ヲ以テ爆撃之ニ夾叉又命中弾ヲ得　二隻ヲ爆沈桟橋ヲ爆破飛散極メテ甚大ナル効果ヲ収メタルコトヲ證認ス
昭和十七年四月五日
赤城飛行隊長海軍中佐　淵田美津雄」

「見　認　證　書
海軍少佐　村田重治
右者昭和十七年四月九日　赤城艦上攻撃機隊第二中隊長（操縦配置）トシテセイロン島「ツリンコマリー」海軍工廠攻撃ニ参加一〇二五同地上空ニ達シ敵戦闘機ヲ撃攘　熾烈ナ

ル敵防禦砲火ヲ冒シ八〇番通常弾ヲ以テ爆撃　工廠最南側造営物地帯ニ　三弾命中セシメ之ヲ爆破飛散極メテ甚大ナル効果ヲ収メタルコトヲ證認ス
昭和十七年四月九日
赤城飛行隊長海軍中佐　淵田美津雄」

この間、重治は、一月三十日付と二月十四日付をもって、二通の手紙を父圓《まどか》あてに出している。

一月三十日付書簡は、海軍兵学校教育参考館あて送られて、写しもとられていない。ただ村田重治戦死公表ならびに二階級特進発表の昭和十九年二月十五日付の新聞記事中、父圓氏の談話のなかより、

「蘭印、濠洲、インド洋、セイロンなど出襲、敵要地に対し、大戦果を挙げて来ました」

という便りが届いたことを知るのみである。

二月十四日の書簡は、昭和十六年十二月二十六日付のそれと同じく、毛筆による走り書きのような便りであるが、この便りを最後として、重治の書簡の文面から明るさが消えてしまっているのも、戦局の推移とにらみあわせて注目すべきことである。

「其の後御変りも無き事と存じ居ります。私は元気に働いております故御安心下さい。今は〇〇方面に機動作戦に従事致し居ります。

日本内地も愈々《いよいよ》戦時体制にて色々と不自由の事が多い事でせう　我々は艦の上の事とてさ程不自由の事とて無之　酷暑の地に在る陸軍の将兵を偲べば全く贅沢な戦争をやっておる様なものです。

まだ作戦中とて何も一切書けませんが又そのうちに大に働いて快報を御送りします。皆様によろしく御伝へ下さい。寒さ酷しき折から御自愛祈りおります。

二月十四日　　　　　　　　　　　　　　　　重　治

父上様

軍艦赤城士官室

艦上でのジョーク

源田実著『真珠湾作戦回顧録』によると、昭和十七年一月末、機動部隊がラバウル方面に作戦中、つぎのような愉快なエピソードが生まれた。当時、アメリカ側では、日本海軍の真珠湾攻撃に関する軍法会議が問題になっていた。

この噂を聞いたからであろう、一日、村田重治が、ニヤニヤ笑いながら、源田航空参謀のもとへやってきた。

「航空参謀、アメリカの軍法会議の話を知っていますか？」

「いや、知らんよ。どうしたのだ」

「はあ、そうですか。では教えましょう。なんでも、キンメルが法廷に呼び出されたそうです」

「ほう、それで？」

「ところが、あんまりあわてていたもので、前をよくしめていなかったらしいんです」

「…………」

「そこで裁判長が注意しました。キン見ゆるぞと」

「なに！」

「キンメルも負けていなかったようです。さっそく、でも帯が解けている（ルーズベルト）のよりよいでしょうと」

「馬鹿野郎！」

ざっと、こんなふうであると源田氏は書いている。

昭和十七年一月より、四月中旬までの機動部隊の作戦（ウェーキ島攻略、ラバウル作戦、インド洋作戦）については、源田実著『海軍航空隊始末記』（戦闘篇）に書かれているからはぶくとして、向かうところ敵なしという連戦連勝の日々だったから、その「景気の良さ」が、源田航空参謀と村田重治の愉快な対話にも、よくあらわれていると思うのである。

寧日なき戦さの日々の中で、あきれるほど呑気で、悠々たる余裕が感じられる重治の言行録も、ミッドウェーの敗戦で終止符が打たれたのであったが、源田実氏の『海軍航空隊始末記』（戦闘篇）によると、

『毎回、攻撃に出る艦攻隊の者は呑気であった。翌朝の攻撃計画も終わり、夕食後の約一時間は艦橋甲板で雑談に花が咲いていた。淵田・村田の両隊長はじめ、戦闘機の板谷隊長らの顔が見える。話は自然と明日の戦闘予想に向いていくのが自然だ。一人が、

「明日は来るだろうなあ」

といえば、雑談でも花形役者たる村田君が、

「源田参謀、明日はお客さんが沢山おいでになりますから、あなた方はゆっくり、お客さんたちの御馳走でも喰っていて下さい。私たちはなるべく早く発艦し、着艦にはまた、謙譲の美徳を発揮して、敵機が帰ってから着くことにしますから」

「ひどい奴だ」

というような、罪のない話が、とめどもなくつづいた』

この会話がかわされたのは、昭和十七年四月八日のことである。翌九日の「ツリンコマリー」海軍工廠爆撃の成果については、見認證書に記された内容のとおりである。

八百キロ通常爆弾一発を抱いた九七式艦攻九十一機と零式艦戦三十八機の大編隊は、午前十時二十分、ツリンコマリー上空に進入し、港内在泊中の軽巡洋艦一隻、商船三隻を撃沈、軍港諸施設、飛行場施設に甚大な損害をあたえた。

零戦隊は、ハリケーンを主とする敵機四十二機を撃墜、地上でさらに四機を炎上せしめた。

これにたいするわが方の損害は、艦戦三機、艦攻一機が未帰還という、一方的な大戦果であった。

四月十八日、空母「ホーネット」を飛び立ったJ・H・ドーリットル陸軍中佐が指揮する米陸軍ノースアメリカンB25「ミッチェル」爆撃機十六機によって、日本本土の初空襲が行なわれた。

本土空襲による損害は軽微で、源田実氏の言葉をかりると、その戦略的意義は大したものではなかった。にもかかわらず、ドーリットルによる日本初空襲が日本国民にあたえた政治的効果は大きかった。

なかでも、連合艦隊司令長官山本五十六は、大きな衝撃をうけた。二ヵ月後、日本海軍は準備不足と機密保持不充分のまま、ミッドウェー作戦を強行して、開戦後初の敗北を喫したが、ミッドウェー作戦強行の裏には、ドーリットルによる本土空襲が大きな原因の一つとなっていると思われる。

また、十月二十六日の南太平洋海戦で、村田重治が三十四歳の生命を火炎と化して雷撃し、撃沈した空母が、本土空襲の「ホーネット」であったことも、なにかこれらが一本の糸で結ばれているような気がしてならないのだ。

ドーリットルの本土空襲が行なわれた四月十八日、機動部隊は比島・台湾沖を内地へ向けて航行中であった。内地へ帰着したのは、四月下旬のことである。

四月二十七日、「赤城」艦長海軍大佐長谷川喜一が転任となり、新艦長として海軍大佐青木泰二郎が着任した。

四月二十三日より五月二十六日まで、南雲機動部隊の大部分は、「対戦争内地待機」という名の、休養と再装備の日々をおくった。

恨み深し運命の日

昭和十七年五月二十七日より六月十四日まで、村田重治は、ミッドウェー方面攻撃作戦に従事している。

六月五日、運命の海戦が行なわれたが、結果として日本海軍は完敗し、村田少佐にとっても、屈辱やるかたない、恨みにのこる一日となった。

「ミッドウェー作戦」の目的は、ミッドウェー島（キュア島をふくむ）を攻略し、ハワイ方面よりのわが本土にたいする敵の機動作戦を封止するとともに、攻略時に出現する算のある敵艦隊を捕捉撃滅することにあった。

降下爆撃隊長江草隆繁少佐。
板谷、村田と最高のトリオ。

五月二十七日の海軍記念日、南雲機動部隊は柱島錨地《びょうち》を出撃した。第一・第二航空戦隊の空母四隻、「赤城」「加賀」「飛龍」「蒼龍」と戦艦「榛名」「霧島」、重巡「利根」「筑摩」、軽巡「長良」と第十戦隊の駆逐艦十二隻の南雲機動部隊が、豊後水道を南下して、外洋にむけて波をきった。「ミッドウェー作戦」の幕あけであった。

その夜、「赤城」艦上の淵田美津雄中佐は、寝についてから、猛烈な腹痛をおこした。盲腸炎であった。

勇猛でなる淵田中佐は手術をこばみ、目前の大作戦を思い、十日間だけ苦痛をおさえてくれぬかと、玉井軍医中佐にたのんだ。

だが、源田航空参謀からなだめられ、観念した彼は二十八日、手術台上の人となった。

手術後の経過は順調だった。

二十九日となった。淵田中佐の病床には、士官室からとどけられた小説本が、山積していた。読む意欲もなく、これからの作戦のことなどを思いふけっていると、ドアがあいて、数人の飛行将校が見舞いにはいってきた。

「どうですか、隊長サン」

先頭に入ってきた村田少佐が声をかけた。つづいて千早猛彦大尉が、

「隊長に寝こまれてよわったですよ。隊長手術のニュースが飛行隊につたわって、みんな、ゆううつな顔をしています」

という言葉が終わらないうちに、

「総隊長、平気ですよ。ご老体が出られんでも、こんな作戦ぐらいヘイチャラでさ」

といったのは、山田昌平大尉であった。

と、布留川大尉が、

「しかし、隊長、こんどはいよいよ宿望のアメリカ空母群と見参というのに、残念ですな

あ」

となぐさめの言葉をはいた。つづいて山田大尉が、

「いったい、いま太平洋艦隊に健在の空母は、何隻と見るんですか、総隊長」

と、病床の淵田中佐に問いかけたのを、村田少佐がすぐひきとって説明した。

「もともと、ハワイ作戦のころからみて、レキシントン、サラトガ、エンタープライズ、ヨークタウン、ホーネットの五隻だね。そのうち、レキシントンは珊瑚海で沈んだ。これは、むこうさまもみとめて発表しているから事実だ。サラトガは潜水艦が撃沈したことになっているが、真偽のほどはたしかでないとしても、まず動けないとみる。つぎはヨークタウンだが、これは珊瑚海で生殺しだから生き返るが、こんどは間に合うかどうかだね。すると残るところは、エンタープライズとホーネットの二隻だけだよ」

淵田中佐は、自分の推理どおりのこの村田少佐の言葉を、『さすがに村田少佐はよく見ている』と書いている。

六月三日、南雲機動部隊は、ミッドウェーの西北約八百カイリの地点にたっした。

これにたいして、アメリカ太平洋艦隊司令長官ニミッツ大将は、ミッドウェー環礁に百機以上の航空部隊と、三千名以上の海兵隊よりなる防衛兵力をようし、航空母艦三隻、巡洋艦八隻、駆逐艦二十隻が、彼の有する全艦隊兵力であった。

六月五日の午前零時、病室で眼をさました淵田中佐は、軍服に着がえ、はいあがるようにして、発着艦指揮所へ足をはこんだ。

采配をふるっていたのは、「赤城」飛行長増田正吾中佐で、飛行甲板には、第一次攻撃隊に参加する各機が翼をならべていた。

「隊長、もう出てきてもいいのかい？」

増田飛行長の言葉に、淵田中佐は、

「イヤア、まだおゆるしはないんだけれど、病室にいたんでは気がもめますからね。まあ、見せて下さい」

といった。淵田中佐にとって絶食八日目であった。

かたわらで、第二次攻撃隊長の村田少佐が、

「隊長、ムリしなさんなよ」

と、ねぎらいの言葉をはいた。

二、三の問答のあと、淵田中佐が、

「いつものとおりだと、またミッドウェーを攻撃しているときに、索敵機は敵艦隊を発見するぞ。その手当はいいのかい？」

と質問すると、村田少佐が自信満々に答えた。

「大丈夫ですよ。そのために、第一次攻撃隊がでたあと、第二次攻撃隊が艦船攻撃兵装で待機していますからね。江草（隆繁少佐）の降下爆撃隊と私の雷撃隊、それに板谷少佐の制空隊がひかえています」

午前一時三十分、索敵機発進と同時に、「飛龍」飛行隊長友永丈市大尉を総指揮官とする

第一次攻撃隊が発艦をはじめた。

九七艦攻三十六、九九艦爆三十六、零戦三十六の計百八機が、暁暗をついて、つぎつぎと発艦した。

第一次攻撃隊の全機が、淵田中佐、村田少佐の視界から消え去ったころ、はやくも、

「第二次攻撃隊用意！」

の命令が、スピーカーから発せられた。

前部のエレベーターは零戦を、中部のエレベーターは九七艦攻をつぎつぎと飛行甲板に上げる作業がはじまった。

チャン、チャン、チャンと、エレベーター作動の警鐘がなる。

整備員が各機を発艦位置にならべる。兵器員が魚雷運搬車をうごかして、魚雷を九七艦攻の胴体下に装備する。

はやくも、飛行甲板上は、第二次攻撃隊でうずまってしまった。

第二次攻撃隊は、九九艦爆三十六（二百五十キロ通常爆弾搭載）、九七艦攻三十六（魚雷搭載）、制空隊三十六（零戦）の百八機で、対艦船目標の攻撃隊であった。

指揮官は、降下爆撃隊が「蒼龍」飛行隊長江草隆繁少佐、雷撃機が「赤城」飛行隊長村田重治少佐、制空隊がおなじく「赤城」飛行隊長板谷茂少佐で、この三指揮官は、日本海軍航空最高のトリオであった。

午後一時四十五分、さきに発進した友永大尉指揮の第一次攻撃隊が、ミッドウェーから約

三十カイリにたっしたとき、グラマン戦闘機の迎撃をうけた。

だが、「蒼龍」分隊長菅波大尉指揮の零戦隊の勇戦奮闘によって、敵戦闘機四十機、軽爆一、水上機一を撃墜、わが方は全機ぶじで、めざすミッドウェー島上空に進入した。

午前二時三十五分、「利根」の索敵機からの報告がはいった。

——『敵飛行艇一機見ユ。貴隊ニムカフ』

「赤城」では、見張員を増員して対空警戒に当たっていたが、つづけて、

『敵飛行艇十五機、貴隊ニムカフ』の入電があった。

発着艦指揮所の村田少佐がいった。

「いや、敵さんはね、夜間飛行のできるのが、飛行艇しかないんだよ。それで、暗いうちにいちはやく飛び出して、攻撃にきたというわけさ。ドレ、ひとつ空の悲劇を拝見するとしようか」

しかし、この飛行艇は四千メートル以上の高度から南雲機動部隊に触接し、いっこうに接近しなかった。

午前四時となった。

第一次攻撃隊指揮官友永大尉は、『第二次攻撃ノ要アリト認ム』と発信してきた。淵田中佐は、友永指揮官の電報を聞きながら、村田少佐にむかっていった。

「オイ、友永のやつは、ずいぶん、中国で基地攻撃をやってきたくせに、なぜ、あの手を使わなかったんだろうかね」

あの手とは、敵が、全飛行機を空中に避退させたとき、わが方は爆弾の三分の一を投下して帰投すると見せかけ、一時間後に引き返して、燃料補給中の敵機を殲滅するという戦法であった。

村田少佐は苦笑していった。

「やっこさん、しばらく内地でアカを落としていたもンだから、素直になったんでしょう。しかし、こんどは第二次攻撃隊も、ミッドウェー基地の攻撃にむけるンだそうですから、私が、うまくやってきます。安心していらっしゃい。バッサリと、一網かけてやりますから……」

淵田中佐はおどろいた。

「第二次攻撃隊をミッドウェー基地にむけるって、もう命令が出たのか？」

「いや、いま司令部で話し合っているのを、艦橋で聞いていました」

「だってまた、インド洋作戦のときみたいに、出たあとで偵察機から、《敵艦見ユ》とくるかも知れんぜ」

「いや、しかし、偵察機はもう全部、とうに索敵線の前端まで行きついた時刻なのに、報告がありませんから、攻撃圏内には、敵艦隊はおらんと、判断されてますよ」

「そうか。しかし、魚雷を抱いているんじゃないか。基地攻撃は、ちょっとこまるね」

「ええ。それで、いまから陸用爆弾に積みかえろって命令が出るんですよ」

「いやあ、それは大変なさわぎだ。それに、もうそろそろ、敵の陸上機がくるころだぜ」

頭上を襲った一弾

ミッドウェー基地第二次攻撃準備の命令がくだされた。増田飛行長自身が、「それっ！」と気合いをかけるや、村田少佐をはじめ、飛行将校たちも格納庫へはしった。

飛行甲板上の九七艦攻をエレベーターで格納庫におろし、装備された魚雷をとりはずして陸用爆弾をつむのである。整備員と兵器員の必死の作業に、搭乗員までがくわわった。

この間、B26爆撃機とTBF雷撃機が来襲したが、直衛の零戦隊によって、そのほとんどが撃墜された。もちろん、一本の命中魚雷もなかった。

「利根」の索敵機から『敵ラシキモノ十隻見ユ』との衝撃的な入電があったのは、午前五時をすこしすぎたころであった。

「赤城」の艦隊司令部が、大きな衝撃と動揺に大ゆれにゆれたのには、理由があった。そのときはまだ、九七艦攻の魚雷がとりはずされて、陸用爆弾に換装する作業のまっさいちゅうであったからだ。

五時三十分、「利根」索敵機から「赤城」の艦隊司令部がもっともおそれていた報告がまいこんだ。

「敵ハソノ後方ニ空母ラシキモノ一隻ヲトモナウ」

この時刻、ひにくなことに、南雲機動部隊所属四空母の、村田少佐を指揮官とする九七艦攻に装備されていた魚雷はすべてとりはずされて、陸用爆弾にかわってしまっていた。

「飛龍」坐乗の第二戦隊司令官山口多聞少将から、

「タダチニ攻撃隊発進ノ要アリト認ム」との意見具申がとどけられた。

おなじ時刻ごろ、友永大尉の率いる第一次攻撃隊が、南雲機動部隊の上空に帰ってきた。

南雲長官は、ただちに艦攻の雷装再転換をし、第二次攻撃隊を発進させるという命令をくだした。

はじめ村田雷撃隊に装備していた魚雷をとりはずして陸用爆弾にとりかえる命令をうけ、整備員、兵器員に搭乗員までが協力しての必死の換装作業で、たったいま、ようやくその作業をやり終えたばかりだった。

だが、今また陸用爆弾をとりはずして、魚雷を装備せよという新しい命令に接したのだ。くわえて、第一次攻撃隊の着艦、収容と時がかさなってしまったのである。

「ヤヤッ。もういちど、雷撃装備へやりなおしだ。こりゃまったく、急速雷撃転換の競技みたいだな」

増田飛行長はすっとんきょうな声を出したという。

空母飛行甲板も、格納庫も、大さわぎとなった。そのさわぎのなかで、在空のミッドウェー第一次攻撃隊の収容がはじまった。第一次攻撃隊の全機収容が終わったのが、午前六時十五分であった。

南雲機動部隊は、三十ノットの高速で北上を開始した。第二次攻撃隊の発進可能な予定時間は、午前七時三十分と報告された。

午前六時二十分、米機の再来襲が、活発となってきた。あきらかに空母搭載機であった。待機中の零戦が、つぎつぎと発艦し、たちまち十五機の敵雷撃機を全機撃墜した。

「攻撃隊発艦急ゲ！」

督促の命令が、艦内になりひびいた。

午前六時三十分、艦内見張所から、つぎつぎと報告がはいった。

「敵雷撃機十数機、右三十度、低空、こちらに向かってくる」

「敵雷撃機十数機、右四十度、低空、こちらに向かってくる」

「赤城」を目標に、左右両舷からはさみ撃ちで突っ込んでくる敵雷撃機に、ピタリと零戦がくっついた。一機、また一機と、敵雷撃機が撃墜され、そのたびごとに、いっせいに「赤城」艦上で歓声があがった。

三群四十機の敵雷撃機のうち、発射された魚雷数は、わずか七本で、命中魚雷は一本もなかった。そのうえ零戦隊によって、ほとんど全機が撃墜されている。

南雲機動部隊の第二次攻撃隊に、

「第二次攻撃隊準備できしだい発艦せよ」の信号命令がくだったのは、午前七時二十分である。

飛行甲板いっぱいにならんだ各機は、いまやようやく準備完了し、いっせいにエンジン始動を開始した。四隻の空母は、いっせいに風に立ちはじめた。

午前七時二十四分、「発艦はじめ！」の号令が出された。

制空隊の一番機が発艦した。

そのときであった。

「赤城」の飛行甲板に着陸直前の九七艦攻。機首を上げめにして三点着陸の姿勢をとっている。真珠湾攻撃のさいのもの。

「赤城」の見張員が、「急降下！」と叫んだ。

その直後、「赤城」めがけて、まっさかさまに急降下したSBDドーントレス三機から、爆弾が投下された。

「赤城」は、二発の直撃弾をうけた。

恐るべき事態が起こった。飛行甲板いっぱいにならべられた飛行機のうち、九九艦爆が抱いている二百五十キロ通常爆弾、九七艦攻が抱いている航空魚雷がつぎつぎと誘爆をはじめた。こうなれば、もはや手はつけられなかった。

淵田中佐は、艦橋から錨甲板にうつろうとして、機銃甲板から、三メートル下の飛行甲板に飛びおりた瞬間、爆風にたたきつけられて両足をねんざし、両足かかとを骨折する負傷をおった。

村田少佐は、副長以下の全乗員とともに、火災をさけて錨甲板に集まり、手押しポンプ数台を使っての送水作業に当たっていた。電気がつかぬため、消防ポンプが動かず、炭酸ガス消火装置もはたらかなかった。

だが、誘爆はますます激しくなるばかりで、午後六時、艦長青木泰二郎大佐はついに、「総員退去」を命じた。

負傷者は、ボートやカッターに乗せ、元気なものは海に飛び込んだ。村田少佐もその一人であった。

将旗は軽巡「長良」にうつされ、村田少佐をはじめミッドウェーの海を泳いだ乗員たちは駆逐艦「嵐」と「野分」に移乗した。

空母「赤城」——六月五日午前七時二十五分被弾。六日午前一時五十五分沈没。戦死者二百六十三名。

空母「加賀」——六月五日午前七時二十四分被弾。午後三時二十六分沈没。戦死者——海軍大佐岡田次作艦長以下八百名。

空母「蒼龍」——六月五日午前七時二十五分被弾。午後四時十五分沈没。戦死者七百十八名。艦長柳本柳作大佐、艦と運命をともにす。

空母「飛龍」——六月五日午後二時三十分被弾。六日午前五時二十分沈没。戦死者四百十六名。第二航空戦隊司令官山口多聞少将、艦長加来止男大佐ともに艦と運命をともにす。

これに対するアメリカ側の損害は、空母「ヨークタウン」一隻を失ったにすぎなかった。

「見　認　證　書

海軍少佐　村田重治

右者赤城飛行隊長トシテ「ミッドウェー」方面作戦ニ参加　攻撃機飛行隊長ノ配置ニ在リテ連日対潜警戒　前路警戒ニ従事シツツ「ミッドウェー」方面ニ進出　六月五日ノ戦闘ニ於テ第二次攻撃隊トシテ待機　飛行機隊ノ全能力ヲ発揮スルニ努メ被弾後攻撃隊発艦不能トナルヤ率先部下ヲ督励防火ニ努メ　以テ「ミッドウェー」島航空兵力及軍事施設ヲ壊滅セシムルノ戦果ヲ挙グルニ甚大ナル功績アリシモノト認ム

昭和十七年六月五日

赤城艦長海軍大佐　青木泰二郎」

六月五日の戦闘で、「赤城」「加賀」「蒼龍」「飛龍」の四空母は、六十機ないし七十機の敵雷撃機隊の攻撃をうけたが、これは零戦隊によって、全機撃墜されている。発射した魚雷は、二十本ぐらいで、もちろん一本も命中していない。ここまでは、みごとな大勝利であった。

だが、村田少佐機をはじめとする第二次攻撃隊が、当初の雷装を陸用爆弾に装備替えし、それが完了したとき、敵空母発見の入電があり、また雷装に転換せざるを得なかったために攻撃隊の発進がおくれたのは、致し方のないことであった。

あと十五分で攻撃隊発艦というとき、突如として上空から、「ドーントレス」急降下爆撃機が急降下してきたのである。そして、これが悲劇の序曲であった。

重治は、この日を境に、報復の執念につかれ、一直線に「死」へ向かって突き進むのである。そして、それは、祖国日本の運命もまた同様であった。

甦った航空艦隊

昭和十七年六月二十日付、海軍少佐村田重治は、軍艦「翔鶴」の飛行隊長に補せられている。

だが、この日、ミッドウェー海戦で沈んだ四隻の空母の生存搭乗員たちは、まだ内地へ帰還していない。だから、この辞令は、文字どおり、時をうつさずに行なわれたもののようである。

同年六月二十四日付、『軍艦「翔鶴」艦長海軍大佐有馬正文ノ部下ニ属ス』、同じく同日付、『「翔鶴」艦攻操縦員第一中隊第一小隊一番機』と職名部署に記されているが、この六月二十四日、ミッドウェー海戦の生存搭乗員たちが着のみ着のままのみじめな姿で、九州の鹿屋基地に収容されている。

「蒼龍」生き残りの森拾三氏によると、

『厳命により全員が基地員との往来接触を禁止され、見張りの番兵までつくという軟禁状態におかれた。それは、機密漏洩、つまりこの惨憺たる敗戦状況を、国民に知らせないためだった。とにかくわれわれは、基地の隊員たちからは、まったく隔離されたのである。

〈卑劣、姑息なやり方だ。俺たちだけをこんな目に会わせておいてどうなるというんだ。ミッドウェーの敗戦は、すでに内地の連中が周知の事実ではないか。こんな胸くその悪いことがあろうか〉

だが、そんなことより、いきなり軟禁状態におかれてしまい、身のまわり品がなに一つないのはやりきれなかった。

朝起きても、歯を磨くことができない。むろん、煙草もない。なんとか仕入れなくてはならないが、かんじんの所持金が一銭もないといった始末。まったく文字どおりの着たきり雀のすっからかんで、放りこまれてしまった』という状態であったという。

東條首相の命令で、ミッドウェー海戦の敗北は隠され、沈没艦船の生存者はもちろん、歴戦の猛者搭乗員までが隔離されたのであった。

村田重治が内地帰着の前に、空母「翔鶴」飛行隊長に補され、『「翔鶴」艦攻操縦員第一中隊第一小隊一番機』という職名部署が、内地帰着の日、彼を待っていたのは、注目すべきことである。

橿原市在住であった亡き淵田美津雄氏に、生前、当時の状況をたずねると、

「ミッドウェー敗戦後、生存者（負傷者も）はぜんぶ隔離されて、捕虜みたいにあつかわれました。村田隊長の処遇も、かわるところはありません。私は、負傷のため、横須賀海軍病

院で軟禁されました。しかし、まもなく『翔鶴』『瑞鶴』を基幹とする第三艦隊が編成されて、第一航空艦隊の生き残りは、そちらへまわりました」ということであった。

南雲長官、草鹿参謀長の二人は自決をはかったが、周囲に押しとどめられて、果たせなかった。

草鹿参謀長は山本司令長官に侘びるとともに、「新しい空母部隊を率いる南雲司令長官のもとで参謀長をつとめ、ミッドウェーの報復をしたいと心から願っている」と希望意見を出し、許された。

南雲長官、草鹿参謀長も同時期に辞令をうけ、その結果、軍艦「翔鶴」「瑞鶴」の二空母によって第一航空戦隊が編成されたのであった。

旗艦「翔鶴」は、海軍中将南雲忠一が長官となり、艦長は猛将有馬正文大佐、その下にあって村田重治は飛行隊長、それも艦攻操縦員第一中隊第一小隊一番機という、願ってもない部署をあたえられたのである。

昭和十七年六月二十四日から同年八月十五日まで、『機動部隊予備隊トシテ修理整備訓練ニ従事』(大東亜戦争内地待機)という記録があるが、この間は鹿児島の空で、連日、激しい戦闘飛行訓練が展開されている。

ミッドウェー海戦で淵田中佐が戦傷をおったため、村田少佐が、機動部隊の総指揮官を継承することになった。新しい村田総指揮官機の搭乗員氏名は、つぎの通りである。

村田総指揮官機＝操縦員　海軍少佐村田重治、偵察員　海軍飛行兵曹長斎藤政二、電信員海軍一等飛行兵曹水木徳信。

斎藤偵察員は、千葉県夷隅郡長者町江場三九七の出身、水木電信員は富山県東礪波郡東野尻村苗加の出身で、ともにハワイ海戦以来の歴戦の猛者であった。

斎藤飛行兵曹長は、ハワイ海戦時に「翔鶴」第二次水平爆撃隊第三小隊長、水木徳信一等飛行兵曹は、淵田攻撃隊総指揮官機の電信員としてハワイ海戦に参加し、「全軍突撃セヨ」の「ト連送」をはじめ、「ワレ奇襲ニ成功セリ」（トラ・トラ・トラ）の世紀の電信をうった電信員であった。

七月に入った。重治は、十一日付と二十九日付で、二通の手紙を妻貞子へあてておくっている。

「拝啓

御手紙拝見　委細承知致しました

但基地訓練中とて当方に来らるるは御遠慮され度

暫くは当方面滞在の予定なれば旬日中に閑を見て一度島原の方へ帰宅致すべく　それ迄御待ち下され度

尚第一線勤務中とて家に帰《かえ》っても戦争に関する話など一切出来ざる事なれば、小生の帰る事も余り他の人に知らせざる様願い度し

夏の背広服一揃　至急当基地宛送っておいて下さい

先は取急ぎ要々のみ
皆様によろしく御伝へ下され度
十一日
貞子殿　　　　　　　　　　　　重　治」

封筒の表には重治のペン字で「検閲済」の三文字が書かれて、その下に「村田」の印が押印されている。裏には「鹿児島縣鹿屋航空隊　有馬部隊士官室　村田重治」と墨もたっぷりと、すばらしい達筆の書体で書かれている。

この手紙の中の「旬日中に閑を見て一度島原の方へ帰宅致すべく……」云々については、重治は本心から帰郷を考えたのだと、私は思う。

ミッドウェー海戦の敗北後、内地へ帰着して、新しく第一航空戦隊が編成され、重治はその旗艦「翔鶴」の飛行隊長に任じられた。

このとき、重治は、日米戦争のゆくすえをはっきりと見きわめ、また重治自身、みずからの死を目前のこととして覚悟したと思われる、そこで重治は、父圓、妻貞子をはじめ、村田家すべての肉親兄弟への訣別のために、帰郷を心に決めたのではないかと思われてならないのである。

だが、重治は帰郷しなかった。いや、事実は帰郷できなかったのであった。

二通目の書簡は七月二十九日付のもので、「鹿屋航空隊気付　根来部隊士官室　村田重治」とあり、「検閲済」の下の「村田印」は、七月十一日付便と同様である。

「拝啓
酷暑一入酷しき折柄御一同様益々御健勝の由　慶賀至極に存居ます
さてそのうちに帰る筈なりしも目下訓練多忙を極め午前　午後　夜間と寧日なき有り様に
つき　今しばらくは帰れそうにもなく　八月に入りてより少しは閑もあることと存ぜら
れば　その際まで待たれ度
当方連日の炎暑にて塵ばかり多く　草木ならずとも我々も慈雨を欲し居る次第
毎日黄塵の中をとびまわっている
末筆乍ら皆様によろしく伝へられ度
　　　　　　　　　　　　　　　　　　　　　　　重　治」
貞子殿

奥宮正武少佐。村田少佐と同期で、遺品整理を行なった。

昭和十七年八月十六日より同年九月五日まで『機密機動部隊命令作第四二号ニ依リ「ガ」号作戦（ガダルカナル奪回作戦）ニ従事』（八月十六日「ガ」号作戦支援部隊機動部隊ニ編入）

昭和十七年八月二十四日、第二次ソロモン海戦。

昭和十七年八月二十八日より同年九月四日まで、『第十一航空艦隊ニ協力ノ為、fc×15　fo×2ヲ「ガ」島基地ニ派遣シ、作戦ニ関シ、第二十六航戦司令官

ノ指揮ヲ承ケシム』（注＝fcは艦戦。foは艦攻）
昭和十七年九月十日より同年九月二十三日まで『機密機動部隊命令作第四四号ニ依リ「ガ」号作戦ニ従事』

『ミッドウェー以後、小康を保っていた戦局も、八月に入るとともに、急に活発化してきた。八月七日、敵の有力部隊は突如として、わが占領下にあるソロモン群島の南部ツラギおよびガダルカナルに来襲し、海兵隊の大部隊を揚陸した。

当時、ツラギには、わが飛行艇隊がおり、ガダルカナルでは、海軍の設営隊が陸上飛行基地を建設中であったが、敵の来襲を転機として、これらの基地は、敵に逆用せられる結果となった。

連合艦隊では、この奪回を企図して、当時内地にあった機動部隊、前進部隊に南東方面進出を命じ、引きつづいて艦隊司令部も、旗艦「大和」とともに、同方面に向かった。

ガダルカナルの攻防戦をめぐって、八月二十四日には第二次ソロモン海戦、十月二十六日には南太平洋海戦と、二回にわたって日米機動部隊の航空決戦が行なわれ、いずれもわが軍の優勢をもって終わった。

ことに、南太平洋海戦においては、わがほうも「翔鶴」「瑞鳳」に損傷をうけたが、敵の「ホーネット」を撃沈、「エンタープライズ」を大破せしめた』（源田実著『海軍航空隊始末記』〈戦闘篇〉より引用）

海軍少佐奥宮正武は、第二航空戦隊航空参謀として昭和十七年九月下旬、トラック島前進基地にあった。当時、第一航空戦隊の旗艦「翔鶴」もまた、トラック軍港に投錨していて、村田艦攻隊は、ガダルカナル方面の作戦掩護にそなえて、猛訓練をつづけていた。

重治とは海兵同期の奥宮航空参謀は、ここで村田重治と出会っている。重治は、そばにいたミッドウェー海戦で負傷した多くの部下たちに目をそそぎながら、奥宮航空参謀に話しかけた。

「第二次ソロモンでは、艦爆ばかり出すもんだから、マモ（関衛少佐）がせっかくやっつけたヤツ（空母のこと）もとりにがしてしもうた。こんどこそは、司令部の参謀とやらいうおエラ方は、手ぬかりないよう、しっかりたのみまっせ。MIの仇をとってやるからな」

と、彼らしい冗談まじりで、満々とした自信のほどをしめしていたという。

そして、これが二人の対面の最後となった。

勇士中の勇士

村田重治の最後の書簡には、日付がない。しかし、父圓の筆で、「十七年十月十日着」の日付が入っている。毛筆ではあるが、よほど急いで書いたと見え、達筆ではあるが、いささか乱暴な字体である。

「大分涼しくなりし事と存じ居り候
皆様御元気の由　清も又元気にて戦争をしているとの事嬉しく存居候
その後小生も益々元気にて某方面にて作戦に従事中にて有之候
モン公も元気との事なれどもう大分御目にかからぬので主人の顔も忘れたる事と存居候
皆様によろしく御伝へ下され度
御自愛祈居候
貞子殿　　　　　　　　　　　　　　　　重　治
第三十五海軍郵便所気付
軍艦翔鶴士官室　　　　　　　　　　　　」

これが、村田重治の絶筆となった。

村田重治には、遺書らしいものはなに一つない。これは重治にかぎらず、海軍兵学校出身者に共通していえることであった。

重治の手紙を評して、父の圓は、「まるで電文のような便り」といっているが、父や妻への便りの中からときおり顔をのぞかせる「はにかみ」が、私には、いかにも重治らしいと感じられるのである。

第三十五海軍郵便所がどこにあったのか、私にはとうとう分からなかった。しかし、八月十六日付で「翔鶴」を旗艦とする第一航空戦隊は「ガ」号作戦支援機動部隊に編入されていて、内地を出撃しているから、多分、「トラック島」海軍基地あたりの郵便所ではないかと思われるのである。

重治の絶筆となったこの手紙に、彼が「モン公」のことに触れているのは微笑ましい。文字どおり電文のような短い便りの中で、モン公のくだりだけが、不思議に生き生きと脈づいている。

時期がはっきりとしないが、重治は戦地から、第一小学校校長林銑吉氏へあてて、大魚の魚拓を便りにつけて送っている。いまは亡き林校長の長男九思氏によると、「重治君が航空母艦上で釣った魚の魚拓だ」といって、老校長はたいそう御満悦であったという。九思氏の記憶によれば、ラバウル港での獲物であったらしい。この魚拓は、いま島原市古町の渡辺家（林九思氏令妹の嫁ぎ先）の二階のどこかに眠っているはずだということである。

昭和十七年十月十一日から、同十月二十六日まで、『機密機動部隊命令作第四五号ニ依リ「ガ」号作戦ニ従事』、十月十五日、『敵巡洋艦撃沈』

ガダルカナル島の争奪をめぐる激しい攻防はつづいた。

昭和十七年十月中旬、南太平洋サンタクルーズ島周辺海面では、日米の両機動部隊が、決戦のときを求めて、たがいに行動中であった。

最高指揮官近藤中将は、重巡「愛宕」に将旗を掲げて、その指揮下に、前進部隊として戦艦二隻、巡洋艦四隻、小型空母（隼鷹）一隻、警戒駆逐艦数隻を擁し、前衛隊には戦艦二隻、重巡三隻、警戒駆逐艦数隻のほか、空襲部隊として南雲長官指揮になる「翔鶴」「瑞鶴」「瑞鳳」を持つ、文字どおり、日本海軍の全連合艦隊兵力を、ガ島作戦にさしむけたのであった。

これに対するアメリカ艦隊は、トーマス・C・キンケード海軍少将指揮の下に、第十六任務部隊（空母「エンタープライズ」、戦艦「サウスダコタ」ほか駆逐艦九隻）と第十七任務部隊（空母「ホーネット」ほか）が合流して、サンタクルーズ島周辺沿いに、北方捜索を開始したのだった。

十月二十五日、「カタリナ」飛行艇によって、南雲艦隊は発見された。しかし、米空母から発進した爆撃隊は、南雲艦隊を発見できずに引き返した。南雲艦隊が北方に変針したためであった。

この日、南雲艦隊は、ふたたび発見された。

すでに夜に入っていた。アメリカ陸軍の爆撃機と、魚雷搭載の海軍カタリナ飛行艇は、日本艦隊に対して夜間攻撃をかけた。しかし、この攻撃は、すべて失敗に終わった。

こうして「南太平洋海戦」（アメリカ側呼称「サンタクルーズ」諸島海戦）の幕は切って落とされた。

二十六日未明、「翔鶴」から、索敵機が発艦した。飛行甲板上には、すでに攻撃隊の飛行機が発艦を待って、エンジン始動を開始していた。アメリカ側も、「エンタープライズ」から、八組のドーントレス急降下爆撃隊を、索敵をかねて発艦させた。彼らは、日本艦隊、とくに空母艦隊を求めて、扇形に索敵飛行を展開した。

日本側、ことに南雲忠一中将にとっての、この戦いは、ミッドウェー海戦完敗の屈辱と汚名をはらす生命を賭した執念の闘いであり、この報復の執念は、第一次攻撃隊総指揮官村田重治少佐をはじめとして、一水兵にいたるまで、骨髄に徹していた。

村田第一次攻撃隊長は、ミッドウェー海戦敗北の戦訓を生かして、第一次攻撃隊は、索敵機の報告を待つことなく発艦、索敵しつつ進撃することを意見具申して、この方法はさっそく採用された。

午前五時になった。第一次攻撃隊長村田重治は、悠悠として愛機に歩み寄った。村田隊長機の電信員水木一等飛行兵曹、偵察員の斎藤飛行兵曹長は、すでに搭乗を終わっていた。

いずれも歴戦のつわものぞろいである。彼らは、われらの「ぶつさん」こと、村田少佐を攻撃隊長として戴き、ともに出撃することに、無上の喜びを感じていた。

昭和17年10月26日の南太平洋海戦で、「翔鶴」から飛び立つ新郷英城零戦隊長機。出撃前、村田少佐と力強く握手した。

「翔鶴」艦戦隊長であった新郷大尉は、村田少佐のもとへ歩みよって、力強い握手を交わした。村田少佐はいつもとすこしも変わらず、その目は静かな微笑みをうかべているかのようであった。

新郷大尉は、当時の状況を回想して、

「歴戦の勇士中の勇士である村田少佐は、真に神色自在として、周囲に独特の雰囲気を残しつつ、艦攻隊の一番機として発進した」と述べている。

時まさに昭和十七年十月二十六日、午前五時十分であった。

第二次攻撃隊長海軍少佐関衛は、おなじく「翔鶴」の艦爆隊長で、村田重治とは海兵同期の美青年であった。重治は、関少佐を「マモ」という愛称で呼んで友情を暖めていたようである。

海兵時代、関生徒は六分隊、九分隊に艦爆の江草隆繁、十分隊に艦攻雷撃の村田重治、十二分隊には零戦の中島正、下川万兵衛がいた。

関少佐を隊長とする第二次攻撃隊の発進準備の最中に、わが索敵機から、「敵機動部隊発見」の第一報が入った。

同時刻、わが機動部隊も、敵索敵機によって発見された。新郷大尉によると、

「第二次攻撃隊は、上空哨戒機の掩護の下に鋭意発艦準備中であり、掩護艦戦隊は、防空と進撃の両任務をかねて、あらかじめ搭乗待機を命ぜられていた。索敵機からの敵情を得て、第二次攻撃隊は、ただちに発進を命ぜられ、搭乗員は飛行機に走った。

関少佐は特徴のある歩き方で悠々と短軀を運び、艦戦隊長新郷機のそばを歩きすぎた。そのとき新郷大尉は、敵情を何も知らされないままの発進であったが、確実に関少佐の指揮下に入る意志表示の意をこめて、敬礼をおくった。少佐は、微笑しつつ、軽く手を挙げてこれにこたえた」という。

日本とアメリカの攻撃機隊は、互いに反対方向に飛行していくのを認めあっている。日本の攻撃機隊は、一つにまとまった隊形で、アメリカの攻撃機隊は、三機ずつに分かれた隊形であったという。

そのすれちがった瞬間、日本機の編隊から、約十機の零戦が分かれて、アメリカ攻撃機隊に襲いかかり、「エンタープライズ」艦載のアベンジャー四機と、ワイルドキャット四機の計八機を撃墜した。零戦の被害は三機であった。

火線の渦の中に

第一次攻撃隊の指揮官機として、必殺の魚雷を抱いた九七式三号艦上攻撃機隊の最先頭を飛びながら、村田少佐は、ミッドウェー海戦時の、あの我慢がならない無念さを想いおこしていた。

九月下旬、トラック島海軍基地で、村田少佐と会った期友の奥宮正武少佐は、「今度、アメリカの空母をみつけたら、きっとミッドウェーの仇をとってやるから」といった村田少佐の言葉を聞いている。それは、一途に報復の執念に燃えた一人の男の、生命を賭けた決意の表現であった。

南雲長官、草鹿参謀長をはじめ、村田重治、関衛という第一次、第二次攻撃隊長から一電信員、一偵察員にいたるまで、「報復」の決意に燃え、ただ一途に、「今日、この時」を待っていたのであった。

「『赤城』よ、今日こそ、ミッドウェーの仇をとってやるぞ！」

村田少佐は胸の中で、何度も自分にそう呟いた。

第一次攻撃隊が敵艦隊を発見したのは、午前六時五十分のことであった。

どこまでも蒼くひろがる南太平洋の海面に、白い水脈を後に曳いて進んでいく空母二隻、戦艦一隻を中心としたアメリカ艦隊が、いま、くっきりと村田少佐の視界にとらえられた。

村田攻撃隊長は、時をうつさず、水木徳信一等飛行兵曹に、「ト連送」を命じた。

「全軍突撃セヨ！」

敵艦隊上空に殺到した九九式艦上爆撃機隊に、グラマン・ワイルドキャット戦闘機が襲いかかった。そして、これを追う零式艦上戦闘機とのあいだに、敵艦隊上空で、激しい空中戦が展開された。白煙や黒煙を曳いた飛行機が、弧を画いて落下していく。

すさまじい戦いの火ぶたは、切って落とされた。

そのとき、村田雷撃隊は、海面すれすれに降下し、水平直進飛行にうつっていた。信じられぬような激しい防御砲火の火線が、雷撃隊一番機である村田少佐機をめがけて、あびせかけられた。

このときであった。

突如として襲ったスコールによって、空母「エンタープライズ」は完全につつまれてしまい、視界から消えてしまった。そのため、視界にのこる空母は、いまや「ホーネット」一隻になってしまった。

村田少佐は、ただちに「ホーネット」を雷撃目標に選んだ。

本海戦で村田攻撃隊長がとった戦法は、雷撃と急降下爆撃による完全な同時攻撃であった。

九九式艦爆を襲ったグラマンＦ４Ｆは、零戦によって、つぎつぎと火を吐いた。だが、九九艦爆の被害もまた少なくなかった。無数の弾幕によって、南海の大空は焼け、ずたずたに切り裂かれてしまった。

このときまで、村田雷撃隊は、グラマンＦ４Ｆの銃火は浴びなかった。しかし、敵艦隊の防御砲火の主力は、村田雷撃隊に向けられていた。

「ホーネット」は、ものすごい防御砲火の火の壁をつ

米空母「ホーネット」――村田機にとり、東京空襲の主役となった本艦は、唯一の攻撃目標となり、魚雷を命中させた。

くり、全速で回避運動をつづけていた。

「さあ、いくぞ！」

村田少佐は、怒鳴った。投手が投げたボールが、猛烈なスピードで捕手のミットめがけて飛び込んでくるように、「ホーネット」はグングンと大きく接近してきた。

村田少佐機を先頭とする雷撃隊は、海面を這うようにしながら、一直線に突き進んだ。そのすがたは、いまは老境を迎えてしまった九七式三号艦上攻撃機が、息を切らしながら、それでも必死に走っている感じであった。

日本海軍航空隊伝統の肉薄必中攻撃！　これこそ、「ぶつ」が生涯をかけてたたかった雷撃戦闘であった。

米艦から、スーッと伸びてくる赤い棒状の火線が、村田少佐機に集中された、その瞬間だった。

「用意！」

「てっ！(発射っ)」

村田少佐の口から、この二つの言葉が、ほとんど同時に発せられた。いま、必殺の魚雷は白い水煙をあげて海中にもぐった。

と同時に、村田少佐機は、火線の渦の中に突入して火炎となった。その中で、二番機の井上福治(下関在住)は、はっきりと見た。赤く火炎の尾を曳いた隊長機の風防ごしに、村田隊長が井上福治に顔を向けて、「突っ込め！　突っ込め！」と片手で合図を送っているのを！　そして一瞬のうちに、熱い、まっかに焼けただれた世界が、村田機をつつんだ。

村田重治少佐、斎藤政二飛行兵曹長、水木徳信一等飛行兵曹は、愛機とともに、そのすべてをまっかな火の玉と化して南太平洋の空に散った。海面すれすれの空であった。

村田少佐機から発射された魚雷は、調定深度に達するや、怒り狂ったように「ホーネット」をめがけて一直線に波を截《き》った。轟音とともに大水柱があがって、「ホーネット」は大きく傾斜した。時に、午前七時十三分であった。

村田攻撃隊長機の最後を上空から見とどけたのは、同じく「翔鶴」より発艦した鈴木武雄中尉と長曾我部明中尉の両名であった。

指揮官を奪われた部下たちの怒りは爆発した。村田雷撃隊長機につづく後続機の魚雷が、つづいて二本「ホーネット」の左舷に命中した。

艦爆隊の石丸豊大尉は、「ホーネット」の上甲板構造物に体当たりを敢行、信号艦橋を破壊したうえ、甲板を貫通して大爆発をおこした。

有馬艦長が認めた「翔鶴」の木片。

艦攻の一機は、被弾するや、魚雷を抱いたまま「ホーネット」の艦首に体当たりを敢行、前部エレベーター付近に爆発をおこした。

わずか数分の間であった。が、いまや、「ホーネット」は断末魔の相を呈していた。海上に傾斜しながら炎上をつづけたこの空母は、夜に入って日本側の魚雷で最後のとどめをさされ、南太平洋の藻屑と消えた。

第二次攻撃隊を率いたのは、村田重治と同期の関衛少佐で、彼は艦爆隊長であり、第二次の雷撃隊長は今宿滋一郎大尉であった。

彼らは「エンタープライズ」上空に殺到し、勇猛果敢な攻撃を展開して、同艦大破の戦果を挙げた。しかし、関少佐、今宿大尉ともに還らぬ人となった。

本海戦は、戦術上は、日本側の大勝利であり、ミッドウェーの報復は果たされたかに見えたが、日本側は村田重治、関衛の両少佐、鷲見五郎、山田昌平、今宿滋一郎、檮原正幸、石丸豊の海軍大尉をはじめ数多くの歴戦の猛者であった搭乗員たちを失ったのであった。

南太平洋海戦は終わった。

傷ついた「翔鶴」艦上に、奥宮正武少佐の顔があった。彼は、海軍兵学校同期の村田重治少佐と関衛少佐の部屋に入って、遺品の整理をはじめた。奥宮少佐にとっては、これが偉大な級友二人に対する、せめてもの手向けであった。

艦長室では、猛将有馬正文大佐が、部下に命じてけずらせた飛行甲板の木片を前に、筆をとって、『壮烈　有馬謹書』の文字をしたためた。村田重治の霊前に供えるためであった。

搭乗員室では、村田重治雷撃隊長、関衛艦爆隊長という、二人の指揮官を失った若い搭乗員たちが、怒った表情で立っていた。その瞳には、涙が光っていた。

「見　認　證　書

海軍少佐　村田重治

右者昭和十七年十月二十六日　軍艦翔鶴九七式艦上攻撃機第一次攻撃隊総指揮官トシテ南太平洋海戦ニ参加　〇五一〇発進　〇六五〇敵発見　全員ヲ有利ニ指揮シ執拗ナル敵戦闘機ヲ撃攘　極メテ熾烈ナル防禦砲火ヲ冒シツツ敵新大型航空母艦ニ対シ　〇七一三　雷撃ヲ敢行　之ヲ撃沈セシメ　壮烈ナル自爆ヲ遂ゲタルハ其ノ功績抜群ナリ

右證認ス

昭和十七年十月二十六日

翔鶴乗組　海軍中尉　鈴木　武雄

翔鶴乗組　海軍中尉　長曾我部明」

南雲長官の弔問

昭和十七年十一月十七日午後五時、島原市新馬場、村田貞子あて、一通の親展電報が届いた。

『ムラタカイグンセウサ一〇ツキ二六ヒミナミタイヘイヨウホウメンニオイテメイヨノセンシヲトゲラレタリトリアヘズゴ　ツウチカタガ　タオクヤミモウシアグ　ナホセイゼンノハイゾ　クカンセンブタイメイトウハキミツホジ　ゼ　ウオモラシナキヨウイタサ

レタシ　カイグンセウジンジ　キヨクテウ』

（村田海軍少佐　十月二十六日、南太平洋方面において名誉の戦死を遂げられたり。とりあえず御通知旁々お悔やみ申し上ぐ。なお生前の配属艦船部隊名等は、機密保持上お洩らしなきよう致されたし。海軍省人事局長）

村田家では、ちょうど夕食時であった。突然の電報を手にした貞子は、夫重治の戦死を知って泣いた。重治の弟、正二の妻多賀子も泣いた。父圓は、息子の嫁の前では涙を見せなかった。

その夜、しめやかに通夜がいとなまれた。庭の木にロープでくくられたモン公だけは、主人の死を知るよしもなく、キャッキャッとさわいでいた。

ここに、村田圓氏の手になる「諸控」より、関係文の全文をとりあげて記すことにする。

「昭和十八年一月二十八日

一、遺留品　ボストン壱個

一、木箱　弐箱

右運賃先払ニテ送付セシ旨　横須賀第一海兵団遺留係ヨリ通知ニ接ス

二月二日　荷物到着ス

㈠二月十八日

市役所印鑑携帯出頭スル様申越ニ付出頭ス

重治ノ遺留金四拾壱円八拾壱銭受取ル
同日午後　海軍省ヨリ賞賜金請求用紙送付越ニ付
二月十九日相当記入書面即便ニテ発送ス
㈠二月二十一日
海軍中佐根来茂樹氏鹿児島鹿屋海軍航空隊ヨリ遠方態々《わざわざ》弔問ニ来訪ヲウク
㈠三月十四日午後
佐世保司令長官南雲忠一閣下参謀同伴　弔問ヲウク
㈠三月十九日
軍艦翔鶴主計長ヨリ東條総理大臣ノ香料其他ノ送付ノ旨通知ニ接ス
㈠三月二十一日
右ノ品
軍艦翔鶴乗組員一同ヨリ線香一箱並ニ艦長ノ書小包ニテ送付来ル
㈠四月五日
翔鶴主計長ヨリ遺留金参百四拾八円弐拾六銭ノ為替券並ニ郵便貯金通帳一通ノ送付ヲ市役
所経由受ク
昭和十九年二月十日
海軍省ヨリ左ノ公電ニ接ス
記

村田重治海軍少佐　十七年十月二十六日付　海軍大佐ニ　二階級進級特旨ヲ以テ正五位ニ
叙セラル
海軍省人事局長
昭和十九年五月六日
佐世保ニ於テ合同海軍葬執行セラレ同日午後八時帰宅ス
㈠昭和十九年五月二十七日
墓碑建設ス
㈠昭和十九年六月二日午後二時　島原市葬　第二国民学校校庭ニテ施行　同日埋葬　式終了
ス
戦死後、十九ヶ月経過後ニテ此ノ間全ク　今日ハ明日カト毎日大分長イ間待チ兼ネ　漸ク
安心致シタ
㈠昭和十九年七月一日　左ノ位記届ク
一、従五位
一、正五位
一、特旨ヲ以テ位一級追陞《ついしょう》セラル
㈠昭和十九年八月五日　功三　勲三並ニ御沙汰書　市役所ヨリ伝達受
㈠昭和二十年四月二十三日夕刻　左記之通リ佐世保海軍人事部長ノ通知書　市役所ヨリ伝達
ヲ受ク

「通知状

故　海軍大佐　村田重治

昭和二十年四月　靖国神社ニ合祀被仰出候間　此段及通知候也
追テ招魂式ハ四月二十四日ニシテ御遺族各位ノ招待ハ時局下取止メラレ候
尚臨時大祭委員長ヨリ改メテ正式通知有之筈ナルモ戦死ノタメ遅延ノ止ムナキニ至リタル
ニ付　御諒承相成度申添候

昭和二十年四月二十日

佐世保海軍人事部長　久重一郎

村田貞子殿」

南雲忠一中将。必中攻撃で散華した村田大佐を弔問した。

村田圓氏の「諸控」のうち、重治に関する記述はこれで終わっている。

この丹念なメモにより、容易に掘りおこせない過去の記録を、一本の線でつなぐことも可能になったし、南雲忠一中将の村田家弔問や、いまは故人となられた片岡操氏が初代市長当時、盛大に挙行された島原市葬の記録が失われて市役所になかっただけに、これは貴重な資料である。

なかでも、「戦死後十九ヶ月経過後ニテ此ノ間全ク今日ハ明日カト毎日大分長イ間待チ兼ネ漸ク安心致シタ」という市葬並びに埋葬終了後のくだりの記述は、厳父圓氏の心情が、そのまま実感をともなって伝わってきて、胸が迫る思いである。

ここに、昭和十七年十月二十六日付の村田重治の功績明細書がある。

「功績明細書

海軍少佐六位勲四等功五級

村田重治

昭和十七年十月二十六日

功績等級　殊勲甲　特特

南太平洋海戦第一次攻撃隊指揮官トシテ参加　功績特ニ抜群

翔鶴艦長海軍大佐　有馬正文」

昭和十八年十一月二十日、連合艦隊司令長官古賀峯一大将は、村田重治の殊勲を認め、これを全軍に布告した。

「布　告

第一航空艦隊編成以来　赤城飛行隊長　又第三艦隊編成以後　翔鶴飛行隊長トシテ母艦飛

行機隊ノ猛訓練ノ指導に任ジ　開戦劈頭　昭和十六年十二月八日ノ布哇《ハワイ》海戦ヲ初メトシ各地ニ転戦シ大ナル戦果ヲ収メタリ　昭和十七年十月二十六日南太平洋海戦ニ於テハ第一次攻撃隊総指揮官トシテ敵大型航空母艦ヲ攻撃　之ヲ撃沈セルモ　多数ノ敵戦闘機及熾烈ナル防禦砲火ノ攻撃ヲ受ケ　壮烈ナル戦死ヲ遂グ
仍《よつ》テ茲《ここ》ニ其殊勲ヲ認メ全軍ニ布告ス
　昭和十八年十一月二十日
連合艦隊司令長官　古賀峯一」

昭和十九年二月八日付、海軍省人事局長三戸寿より村田貞子あて、つぎのような書簡とともに、官記が同封されて送られている。

「拝啓
海軍少佐村田重治殿御戦死ニ関シテハ電報ヲ以テ取リ敢ヘズ御通知申上置候処同官ハ昭和十七年十月二十六日南太平洋方面ノ戦闘ニ於テ御奮戦中遂ニ壮烈ナル戦死ヲ遂ゲラレタル次第ニ有之誠ニ痛惜ニ堪ヘズ茲ニ謹ミテ深甚ノ弔意ヲ表シ申候就テハ御戦死後ノ諸手続遅延シ御迷惑ノ段萬々御察シ申上候　実ハ赫々タル御殊勲ニ鑑ミ身上取扱ニ関シ特ニ慎重ヲ期セラレシ為今日迄遅延致候次第悪シカラズ御諒承被下度候
御戦死ノ趣　上聞ニ達スルヤ畏クモ生前ノ戦功ヲ嘉セラレ特ニ海軍大佐正五位ニ二階級進

級並ニ特旨陞叙ノ御沙汰ヲ拝シ候　茲ニ官記同封送付申上候間御査収被下度　位記ハ追テ拝受次第送付申上グベク候　尚合同海軍葬儀ハ追テ佐世保鎮守府ニ於テ執行セラルル予定ニシテ執行ノ日時其ノ他ニ関シテハ鎮守府ヨリ御連絡申上グル筈ニ有之候
更メテ申上グル迄モナキ儀乍ラ御生前ノ配属艦船部隊名ハ機密保持上今後モ一切他ニ御洩シナキ様御注意被下度候

敬具

昭和十九年二月八日

海軍省人事局長　三戸　寿

村田貞子殿」

「海軍少佐　村田重治

任　海軍大佐

昭和十七年十月二十六日

内閣総理大臣正三位勲一等功二級　東條英機　宣」

同じ海軍省人事局長より村田貞子あて、二月十日午前十一時に、官報と押印した電報が届いた。

「ムラタシゲハルカイグンセウサ一七ネン一〇ツキ二六ヒツケカイグンタイサニカイキウシンキウ、トクシヲモツテセウ五イニジヨセラル」カイグンセウジンジキヨクテウ」

特旨陞叙の宮内省よりの位記は、つぎのとおりである。

「故海軍大佐従五位　村田重治
特旨ヲ以テ位一級追陞セラル
昭和十九年二月十二日
宮内省」

村田重治の戦死ならびに論功行賞が新聞発表されたのは、昭和十九年二月十五日のことである。当時の毎日新聞は（朝夕刊統合版）、四面であるが、一面のトップを「海鷲・栄《はえ》の二階級特進」という大見出しで飾って、つぎのように報道されている。

『村田重治大佐ら十勇士
殊勲甲を賜わる
不屈の闘魂に輝く恩命

苛烈なる航空決戦に壮烈散華した村田大佐以下十名の海鷲に対する論功行賞が畏き辺りの御裁可を経て十四日午後三時賞勲局ならびに海軍省から発表された。いずれもその抜群の勲功を嘉せられ、特に二階級進級ならびに殊勲甲叙賜の恩命に浴したのである。昭和十七年十月二十六日、南太平洋海戦において攻撃隊を統率、熾烈なる敵防禦砲火の真只中に指揮官先頭の花と砕けた村田少佐をはじめ、紅顔の一飛行兵長にしてなお烈々敵ボーイングに体当たりして果てた牧一飛曹に至るまで高邁不撓の海鷲魂燦として輝かざるはない。これら将士の雄魂は、国家存亡の関頭に立つ秋ひとしくわれらの闘魂たらしめねばやまないものがある。

海軍省公表（昭和十九年二月十四日十五時）　今般左記の者に対し頭書の通り二階級進級ならびに殊勲甲叙賜の恩命に浴したり

任海軍大佐　功三旭三　海軍少佐村田重治
任海軍飛行特務大尉　功四旭五　海軍飛行特務少尉福山一利
任海軍飛行特務中尉　功五旭六　海軍飛行兵曹長斎藤政二
任海軍中尉　功五旭六　海軍飛行兵曹長大森卓二
任海軍中尉　功五旭六　海軍飛行兵曹長富永富左男
任海軍飛行特務少尉　功五旭六　海軍一等飛行兵曹菅野彦治
任海軍飛行特務少尉　功五青色桐葉章　海軍一等飛行兵曹水木徳信
任海軍飛行特務少尉　功五旭七　海軍一等飛行兵曹大森茂高
任海軍一等飛行兵曹　功六旭八　海軍飛行兵長牧正直
任海軍二等飛行兵曹　功六旭八　海軍一等飛行兵佐藤邦雄』

『新大型空母を屠る

ハワイ以来母艦の親鷲

村田大佐

村田大佐はハワイ海戦に参加以来、インド洋機動作戦その他に毎回飛行隊指揮官として奮戦し、赫々たる戦果を収めたが、昭和十七年十月二十六日、南太平洋海戦において第〇次攻撃隊総指揮官として参加、敵大型航空母艦撃沈の偉功を樹てたのち、多数の敵戦闘機および熾烈な防禦砲火の攻撃を受け、壮烈な戦死を遂げた。村田大佐は、開戦前より母艦飛行隊の飛行隊長として寧日なき海鷲の猛訓練に従事し、ハワイ海戦以来の母艦飛行機隊による赫々たる戦果の樹立に寄与するところ甚大であった』

この日、新聞で全国へ紹介発表された「村田大佐ら十勇士」のなかに、村田重治機の偵察員、海軍飛行特務中尉斎藤政二と、電信員、海軍飛行特務少尉水木徳信の二人がくわわっているのが注目をひく。

本紙三面トップに掲載された村田重治関係の記事を紹介する。

『「またすぐ出動です」

電文のような戦陣便り

昨年十月二十六日、南太平洋方面に赫々たる武勲を樹てて壮烈な戦死を遂げ、二階級特進ならびに叙勲の御沙汰を拝した光栄に輝く村田重治海軍大佐の島原市田屋敷の生家には、貞子未亡人（三二）厳父圓氏（六七）母キヨさん（六二）、弟島原第一国民学校訓導正二氏（三一）があり、また弟四郎氏は京大工科を卒業、陸軍技術中尉として名古屋〇〇兵器に勤務、末弟清陸軍大尉は満州で活躍している。大鷲院義烈玄空居士と墨のあとも生々しい白木の位牌と正装した大佐の写真のほかに、少佐時代の大礼服が飾られてある仏前に特進の恩命を供えてから父の圓氏は語る。

「軍人として当然なすべきつとめを果したにすぎないのに、破格の恩命に浴し聖恩の有難さに胸が迫り申し上げる言葉もありません。本人も皇恩の厚きに感謝しさぞかし喜んでゐることでしょう。戦死後各方面からお讃めの言葉や激励して頂きかえって痛み入る次第です。戦地からの手紙にもただの一度も戦争のことはもちろん、家庭のことにも触れず、元気だ、元気だと電文のような便りばかりでしたが、大東亜戦争開戦直後の十二月二八日付で、〈いよいよ大東亜戦争もはじまり、われわれの檜舞台となって来ましたようです。小生も今回〇〇艦隊で遠くハワイを衝き、開戦劈頭雷撃隊を率いて敵主力艦群に対し会心の攻撃を加え、ただいま無事当地に引き揚げて来ました。全く御稜威《みいつ》の下天佑神助の致すところと感激に堪えません。またすぐいずれかへ出動するはずですが、ますます勇戦奮闘の覚悟です。全く皇軍の向かうところ敵なく戦争勃発以来、暗雲一掃して曇天に碧空を見るの心地です〉との便りがあったのと、昨年一月三日、〈蘭印、濠洲、インド洋、セイロンなど出襲、敵要地に対し大戦果を挙げて来ました〉と知らせて来たのが手紙らしい手紙でした」と生死を超越した大佐を静かに偲んだ。

大佐は島原市の北端いとも静かな田屋敷に薩摩隼人の血をうけた村田圓氏の長男として生まれ、小学校、中学とも島原で学び海軍兵学校に進んだ。幼少のころから厳格な父の膝下で学業に励む傍ら、海に山に心身の鍛練に精進し、早くから軍人たるの心身を練っていた豪放寡黙な性格で、その明敏な頭脳は、小学校から中学時代とともに衆にぬきんでて将来を嘱目されていた。中学時代いよいよ海軍志願を決意してからは、勉学の余暇をみてはよく小舟を操って釣を楽しみ海に親しんだ。この釣はついに趣味となり、砲煙の中にも悠々竿を垂れて釣を楽しんだとのことで、いかにも豪放な大佐の性格を物語っている。ぶっきら棒な大佐ではあったが、支那事変中、一粒種の愛嬢治子さん（二つ）を失ってからは多少家庭的寂しさを感じたものか海南島から飛行機で連れて来た猿を、「可愛がって育ててくれ」と家に送り届けたこともあり、勇猛の中にも慈しみ深い武人であった』

狂乱の中でも静かな微笑を絶やさなかった村田重治少佐。

『首席で通す秀才

恩師・学友が語る少年時代

村田大佐の揺籃時代を育てた長崎県島原第一国民学校では、職員の醵金《きょきん》や児童の赤誠こもる浄財で校庭の一隅に、大佐をはじめ日清戦役以来の同校出身将兵の英霊を祀る忠霊塔を建立し、さる十一日の佳節を期して除幕式を挙行したばかりである。大佐の恩師同校林銑吉校長は、この栄誉に感激しながら語る。

「学校の名誉、郷土の誇り、この上もありません。小学校時代の大佐は温順寡黙、頭脳きわめて明晰で、ずっと首席で通した秀才でした。わが校からかかる武人を出したことは、児童教育に偉大な影響があると思います。今後大佐に続く学童の赤誠は弥《いや》が上にも燃え熾《さか》ることでしょう」

大佐と中学時代の同窓、島原第三国民学校訓導多田収爾氏は、「さすが期待に背かぬ武勲を立てた」と中学時代を回想しながら語る。

「中学時代の大佐は非常に快活で、しかも決断力に富み、黙々として勉学に励んでいました。一面、謙譲であったので、これといって目立つことはなかったが、明敏な頭脳は群を抜き、早くから将来を期待されていました」』

この新聞記事中、「島原市新馬場」の住所が、「田屋敷」となり、「村田圓次男」が「長男」と誤っている。が、そのことはさておき、昭和十九年二月十五日付の新聞は、村田大佐をはじめとする十名の海鷲たちの記事で埋まっている感がある。


「君に続かん」

この日、長崎県立島原中学校もまた、大きな感動の波につつまれていた。チャップリンひげをたくわえた国武忠雄校長は、寒風の中、全校生徒を前にして、島原中学が生んだ軍神村田大佐の偉功をたたえ、島原中学あげて一丸となり、村田大佐につづこうと異例の訓示をたれた。

私は、三年生徒の最後列に直立不動の姿勢で立っていた。ひたひたと波のように全身をつつむ感動に、体が震えるのを感じた。

当時五年生だった林九思氏は、その日の新聞を切り抜いてアルバムに貼り、その横に、「郷土島原の誇り。日露役に橘中佐を出《い》だし、今次役に村田重治大佐を出す。島原人の闘魂益々盛」と書いた。

その夜、私はなかなか寝つかれなかった。夜半起き出して机に向かい、障子紙をひろげて一気に筆を走らせた。

「君天上りましぬ
雲湧くみんなみの空
羽白き大き鵠か
おん魂ぞ高くかがよふ
いち早く母艦《みふね》飛び立ち
うなばら汐路のかぎり

さばへなす群を沈めて
みづからも
雲に染まりぬ

君天上りましぬ
もろ人こぞり哭けれども
この仇ぞ討たでやむべき
血のたけりあふれみなぎる」

十五歳の少年であった私に、この日以上の感動はいまだかつてない。この「君に続かん」と題する拙い詩は、だれにも披露せずに終わったが、短歌は選ばれて村田家に渡された。

「橘と香りを競う軍神《いくさがみ》 村田大佐にわれも続かん」
「橘と香りを競う軍神 外国《とつくに》までもひびく君かな」

村田重治と島原中学校の同窓で、島中の数学・物理の教諭であった河野秋澄氏は、自分の作詞作曲で「軍神村田大佐の歌」をつくり、全校生徒をテニス・コートに集め、彼自身が歌をうたい、タクトをふって歌の指導に当たった。

私の家は、河野秋澄氏宅の隣りであったから、少年の日の私は、河野先生がギターをかかえて作曲中の姿を、垣根ごしに見たことがあった。この歌は、「河野秋澄」と個人名を出さず、「長崎県立島原中学校報国団」という名で、ガリ版印刷された。

㈠ 国魂《くにだま》幸《さち》はふ島原の
益良《ますら》猛夫《たけお》の意気高く
太平洋の大空に
敵撃滅の軍神《いくさがみ》
その名輝く村田大佐

㈡ 驕慢無礼の米英を
国の怒りに先魁《さきが》けて
中支の空に打ちくだき
武人の道を貫けり
その名輝く村田大佐

㈢ 嗚呼十二月八日朝
詔《みこと》畏み振い立ち
君が翼は飛びゆけり
敵の根城《ねじろ》ぞ真珠湾
その名輝く村田大佐

(四)
黒雲覆ふ南溟に
敵の空母を撃ち沈め
身は神州の花と散る
壮烈無比の軍神
その名輝く村田大佐

(五)
君が翼の爆音は
我等が耳になお響く
君がいさおはとこしへに
桜が丘に匂ふなり
その名輝く村田大佐

私たち、島原中学校生徒は、手製の日の丸の小旗を振りながら、声をかぎりにこの歌を歌って、新馬場の村田家まで並んで歩いた。

昭和十九年五月六日、佐世保鎮守府において、村田大佐をはじめとする戦没将兵の合同海軍葬が執行されて、村田家からは、父の圓と、重治の妻貞子が参列した。葬儀に参列した村田貞子と父圓が、遺骨を抱いて島原駅に帰りついたのは、午後七時三十分であった。

二人が関係者多数の出迎えをうけて島原駅に下り立ったとき、駅の待合室にたまたま居合わせたのが、中学同窓の安藤峻であった。

彼はその場に立ちすくんだ。彼の目の前を、いまは小さな白木の箱に入った村田重治が、妻の手に抱かれて通りすぎた。彼は、その列の後に従って、ひさびさに村田家を訪れた。そして、無言で長いあいだ合掌をつづけた。

このころ、富田正義は、陸軍軍曹として、朝鮮の統営にいた。村田重治少佐の戦死と二階級特進、軍神としてあがめられていることなどが、風の便りに入ってきて、富田軍曹の耳に入った。彼は、人知れず涙を落とした。

一日、彼の部下である朝鮮出身の兵隊を集めて、彼は、村田重治の話をした。

「俺の同級生でね、村田重治少佐はな……」

何度も声をつまらせた彼の話に、部下たちは大きな感動をおぼえた。

富田正義は、心の中で、「村田よい。安らかに眠れよ」と呟いた。

晴雲寺の一隅にて

海兵第五十八期の生存者たちによって組織された互和会（連絡先＝東京都諏訪町三〇七－一東亜電波工業KK　中野貢）より発刊された冊子「互和」一二十一号（昭和四十八年五月）の中で、宮崎勇氏が「第一等の人物」と題した一文を寄せている。その中から、関係部分だけを抜粋して引用させていただくことにする。

『……千早兄（千早正隆）もこれに同意して、さらに同兄は、「戦後、井上成美大将にお目にかかったとき、大将が言われたのは、〃昔は人格大将というのはなかった。大将になる不可欠の要件は、〈信念の人〉であることだった。たくさんの大将のなかには、一等大将もあれば、二等、三等大将がある。一等大将は、山本権兵衛、加藤友三郎、米内光政、山本五十六の四人だけだ〃との秘話を披露した。井上大将が、どんな尺度から四人の大将を選定されたか、およその見当はつくが、東郷元帥、斎藤実、鈴木貫太郎というような人は入っていない。親しく接したことのない人々の人物評価は、なかなか難しいと思う。（中略）

さて、級友の中に、天下第一等の人物ありや。

海兵時代のイメージ、練習艦隊のときの言動、任官後の限られた範囲の接触、戦後生存者間の交遊等を通して、現在、私が感じていることを率直に申せば、任官して僅かに三年余、空母「鳳翔」乗組中、昭和十年九月十六日、愛機九〇式戦闘機を操縦して不時着水し散華した奥義光兄、それから大東亜戦争開戦直前、昭和十六年四月一日、横須賀航空隊で零戦のテスト中、殉職した下川万兵衛兄は、ともに第一級の未完の大器であったと思う。

また、村田重治兄と江草隆繁兄は、それぞれ真珠湾攻撃部隊の雷撃隊と爆撃隊の指揮官に選抜され、大戦果を挙げ、爾後の諸作戦に参加して殊勲を加えたが、抜群中の抜群の人物であったことは、すでに衆目の肯定するところとなっている。

両兄の人柄、職見、力倆等については、源田実氏（海兵五十二期、元空幕長、参議員議員）

の著書『真珠湾作戦回顧録』に特筆されている。

村田兄は昭和十七年十月二十六日、「翔鶴」飛行隊長として南太平洋海戦に参加、戦死、江草兄は昭和十九年六月十五日、第一航空艦隊第六十一航空戦隊第五二一航空隊飛行隊長として、同日朝発動された「あ号作戦」（マリアナ海戦）で、陸上爆撃機「銀河」に搭乗、グアム第二飛行場から発進し、サイパン来攻の米軍部隊を攻撃して戦死を遂げ、両兄とも二階級特進して、大佐に昇進されている。

物故された級友は、兵科、機関科、主計科合わせて七十七名である。いずれも、粒選りの英器であった。（後略）』

同じく「五和」の卒業四十年記念号（下巻）昭和四十六年三月十五日発行の「第十九号」に、酒井進氏が、エッフェル塔のスケッチとともに、詩を寄せている。「プロローグ」という題の、印象に残る作品である。

『一九〇九年の五月二十日オレは生れた
その年はじめてヒコーキはドーバーをとんだ
たった五十キロの海峡を四十分もかかって
一九二七年われわれは海軍の学校に入った
その年の五月二十日リンドバーグはパリーに着いた
たった一人で三十三時間もかかって

一九三一年五月二十日われわれはパリーに着いた
候補生の遠洋航海のデスティネーションとしてわれわれはエッフェル塔へのぼって胸をそらせた
あれから四十年の時が流れた
パリーもエッフェル塔も昔のままだが
オレの髪はマロニエの花のように白い
ヒコーキはジャンボとなり
鼻歌まじりで大西洋をとび　太平洋をとび
東京にはエッフェル塔より高い奴が立った
エッフェル塔は鉄のピラミッド
やがて日本が年一億トンの製鉄国となって極東の島に鉄の金字塔を立てる日も夢ではないという』

酒井進とともに、村田重治もまた、エッフェル塔へのぼって胸をそらせた。

あれから五十年、酒井進の髪の色が、マロニエの花のいろのように白く変わったように、村田重治の生命が南太平洋の海の上十メートルで消えてから、はや四十二年の歳月が過ぎた。

この四十二年という永い年月の間に、何もかも変わってしまった。

昭和十九年五月六日午後八時、村田重治は白木の箱にはいって、五年ぶりに、島原市新馬場の自宅へ帰った。

五尺三寸、十五、六貫の、小柄だが、じつに逞しかったあの村田重治が、いまは、小さな白木の箱の中におさまってしまって、仏壇に安置されていた。

村田家遺族の間では、白木の箱を開く、開かないで意見がかわされた。だが、結局、白木の箱は開かれないまま、同年六月二日、市内柏野にある晴雲寺の墓地の一隅にある、村田家の墓地の土中ふかくに埋葬された。

それより前の五月二十七日に、村田重治の墓碑が建てられた。

村田累代之墓と並んで建てられたこの墓は、四段の礎石があり、〝二つ巴に一文字〟の村田家の紋章が彫られた四段目の礎石の上に、「故海軍大佐正五位勲三等功三級村田重治之墓」があった。

南太平洋に燃えつき、壮烈な最期をとげた村田重治大佐の墓碑――

横の石面にきざまれている戒名は、「大鷲院義烈玄空居士」という、いかにも壮烈な最期をとげた雷撃隊総指揮官にふさわしいものであった。

正面向かって左横の石面に達筆で書かれ、みごとに刻された墓碑銘があった。

『故　海軍大佐村田重治ハ　明治四十二年四月九日島原藩士族村田圓ノ次男ニ生レ長崎縣立島原中学校ヲ経テ海軍兵学校入学　昭和五年十一月卒業　累進シテ大尉トナリ昭和十二年十二月一日支那事変ニ出征シ南京及ビ武漢攻略或ハ複雑多岐ナル陸軍各方面ノ戦闘ニ協力シ以テ作戦ノ進展ニ寄与スル所大ナリ　依テ支那方面艦隊司令長官ヨリ部隊感状ヲ授與セラレ殊勲ニヨリ勲四等旭日章功五級金鵄勲章ヲ賜フ

昭和十六年十月海軍少佐ニ進級　同年十二月八日大東亜戦争勃発スルヤ開戦劈頭飛行機隊指揮官トシテ布哇攻撃ニ参加　爾来　印度洋　西南太平洋方面ニ機動作戦中　昭和十七年十月二十六日　南太平洋海戦攻撃機総指揮官トシテ奮戦　敵大型航空母艦撃沈ノ偉功ヲ樹テ自機モ亦敵ノ熾烈ナル砲火ヲ受ケ壮烈ナル戦死ヲ遂グ　行年三十四歳

此ノ趣　上聞ニ達スルヤ　畏クモ生前ノ勲功ヲ嘉セラレ　特旨陞叙ノ御沙汰ヲ拝シ　海軍大佐正五位ニ二階級進級並ニ勲三等旭日中綬章及ヒ功三級金鵄勲章御下賜ノ光栄ニ浴セリ』

墓碑の後部石面には、『昭和十九年五月六日　佐世保海軍鎮守府海軍公葬後　建墓誌』と刻されている。

村田重治の墓碑の前に置かれた線香立てが、魚雷頭部を模してつくられたもののようである。ちなみに、墓碑の台石に刻された村田家の〝二つ巴に一文字〟の紋章は、一文字紋からの流れの紋である。一文字紋とは士族の紋であり、一字紋とも書いて、簡単明瞭で戦いに勝つという意味を持ち、『参考太平記』十八には、これを「無敵」と解いている。

村田重治は、海南島から連れてきた一匹の猿に「モン公」と名づけて、格別の愛情を寄せていた。昭和十七年十月十日着の重治の最後の手紙にも、「モン公も元気との事なれどもう大分御目にかからぬので主人の顔も忘れたる事と存居候」と、書かれているほどである。

重治の戦死後、市葬もすぎて、この猿は、村田家より、重治の母校である島原中学校へ寄贈されている。

島原中学校では、「モン公」を一週間ちかく生物教室で飼育した。その後、「モン公」は市内弁天町霊丘公園内の猿のためにつくられた金網で囲われた一角にうつされている。

そこには、すでに先客の数匹がいて、時がうつり、「モン公」はそこで出産をした。生まれた赤ん坊の猿には、だれが命名したのか、「タケ子サン」という名前がつけられた。

「モン公」と「タケ子サン」ほか、数匹の猿が、その後どういう運命をたどったのか、それはだれも知らない。

村田重治――。

どのような戦争の狂乱の中にあっても、いつも静かな微笑を絶やすことのなかった男。

一人でいるときの恐ろしいまでの沈思なすがたとはべつに、周囲の若い搭乗員たちに、陽気な明るいジョークをとばすことによって笑いをまきおこし、周囲に春風のような希望と活力をあたえつづけた「ぶつ」。

この男の生命の火が消えて四十二年、私はいま、村田重治の墓碑の前に立って、晴雲寺の一隅をさす秋の夕陽を浴びながら、地下からの声を聞こうとつとめるのである。

フランスの文学者フェヌロンはいった。

「私は、私の家族よりも、私の祖国を愛する。また私は、私の祖国よりも、もっと祖国を愛する」と。

この私の声が村田重治の耳に入ったら、彼は「フフン」と笑って、

「おれはただ一軍人として、自分にあたえられた仕事を果たそうと努めただけだよ」と、そういうに違いない。

村田重治とは、そのような男であった。

本稿執筆にあたり、御助言いただいた方々、参考にさせていただいた文献は次のとおりです
〈談話提供者〉＊源田実氏＊淵田美津雄氏＊中島正氏＊土屋鉄彦氏＊奥宮正武氏＊村田正二氏＊尾崎才次氏＊富田正義氏＊安藤峻氏＊多田収爾氏＊林九思氏＊井上福治氏＊（順不同）
〈参考引用文献〉＊源田実「海軍航空隊始末記（上下）」文芸春秋＊源田実「真珠湾作戦回顧録」読売新聞社＊G・プランゲ「トラトラトラ」日本リーダーズダイジェスト＊「日本海軍航空史」時事通信社＊「五和（卒業四十年記念号・下巻）」五和会＊森拾三「奇蹟の雷撃隊」光人社＊阿川弘之「山本五十六」新潮社＊「航空七〇年史（一・二）」朝日新聞社＊D・マッキンタイヤー「空母」サンケイ新聞社＊実松譲「真珠湾までの３６５日」光人社（順不同）

文庫版のあとがき

「海軍魂」が世に出て、十年になる。この十年の間に、「海軍魂」の執筆にあたって、進んで取材に応じて下さった海軍航空隊の二人の立役者、源田実、淵田美津雄の両氏が亡くなった。

届いたのは、淋しいたよりばかりではなかった。

真珠湾作戦以降、村田雷撃隊の二番機操縦員として数々の作戦に参加し、奇蹟的に生き残った下関在住の井上福治氏が、私を尋ねて島原に来られたことだ。

私は、井上氏と共に晴雲寺にある村田大佐の墓に合掌し、彼を市内新馬場町の村田家へ案内した。

佛壇の前に正座して合掌し、村田重治の位牌を睨むように凝視していた井上氏は、二、三分間の沈黙を破って、

「隊長……。二番機井上、参りました」と言った。低く、しぼり出すような声であった。

次の瞬間、彼の眼から、堰を切ったように大粒の涙が落ちるのを、私は見た。

中島正さんが来宅された日の喜びは、忘れられない。

開戦時、台南航空隊飛行隊長であった零戦の中島正少佐（開戦時）は、村田重治の最も親しい友人であった。

今は、鎌倉に住んで作陶を楽しみ、悠々自適の余生をすごしておられるという中島さんは八十歳台というのに、その体躯の若々しさに驚かされた。彼からは、手製のグイ呑みを頂載した。

中島正さんの親友、村田重治は、三十四歳の若いいのちを南太平洋の空に散らした。中島さんには、村田重治の分まで長生きをしてほしいと祈っている。

平成八年五月

山本悌一朗

村田重治　年譜

年　月　日	村　田　重　治　閲　歴	内　外　事　件
明治42年4月9日	長崎県南高来郡島原村新馬場九五一士族村田圓・同キヨの次男として生まれる	明治27年8月1日　清国に宣戦布告（日清戦争） 明治37年2月10日　ロシアに宣戦布告す（日露戦争）
大正5年4月1日 大正11年3月25日 4月1日	島原尋常小学校に入学す 同校卒業す 長崎県立島原中学校に入学す	大正3年7月28日　第一次世界大戦起こる 大正5年5月30日　ジュットランド沖英独海戦 大正6年3月　ロシア革命、日米シベリアに共同出兵 大正7年7月　ロシアの内乱激化 8月3日　米騒動勃発 11月11日　第一次世界大戦終わる 大正9年11月　加州排日法案通過 大正10年11月12日　ワシントン軍縮会議開始 大正12年9月1日　関東大震災 大正13年5月26日　米国排日移民法成立
昭和2年3月25日 4月8日	同校卒業す 海軍兵学校生徒を命ぜらる	昭和2年4月　金融恐慌 5月28日　山東出兵 8月　日・英・米軍縮会議決裂 昭和3年5月3日　済南事件 6月4日　張作霖爆死事件

昭和5年11月18日	海軍兵学校卒業す。海軍少尉候補生を命ぜらる。「八雲」乗り組みを命ぜらる（練習艦隊兼警備艦）
12月17日	旅順発、青島。外国鎮戍（「八雲」）
12月30日	佐世保帰着
昭和6年3月16日	馬公発、香港、アフリカ、地中海。外国鎮戍
7月31日	より遠洋航海
8月15日	佐世保帰着
8月25日 10月24日	海軍砲術学校講習員
10月26日 12月24日	海軍水雷学校、海軍通信学校講習員
12月24日	「足柄」乗り組みを命ぜらる（第二艦隊）
昭和7年2月6日	佐世保発、支那事変服務（「足柄」）
2月21日	佐世保帰着
2月27日	小松島発、支那事変服務（「足柄」）
3月7日	佐世保帰着
4月1日	任海軍少尉（内閣）。「足柄」乗り組みを仰せつけらる（第二艦隊）
5月2日	叙正八位（宮内省）
11月25日	補「名取」乗り組み（第二予備艦）
昭和8年6月29日	佐世保発、馬鞍群島。外国鎮戍（「名取」）

昭和5年1月21日	ロンドン軍縮会議開会
4月22日	日・英・米軍縮条約調印
11月14日	浜口総理狙撃事件
昭和6年9月18日	満州事変起こる
10月8日	関東軍、錦州を爆撃
10月24日	国際連盟理事会、期限付で満州撤兵勧告案を可決
12月13日	犬養内閣成立、大角海相
昭和7年1月28日	第一次上海事変おこる
3月1日	満州国建国宣言
5月15日	五・一五事件、犬養首相、暗殺さる
昭和8年1月1日	日中両軍、山海関で衝突
1月30日	ヒトラー内閣成立

	7月4日	基隆帰着
	7月13日	馬公発、南洋遠洋航海（「名取」）
	8月21日	木更津帰着
	11月1日	海軍練習航空隊飛行学生仰せつけらる
	11月6日	より航空勤務（霞空）
	11月15日	任海軍中尉（内閣）
	12月15日	叙従七位（宮内省）
昭和9年	3月1日	満州国皇帝陛下より贈与したる建国功労章を受領および佩用するを允許せらる（賞勲局）
	4月29日	昭和6年ないし9年事変における功により勲六等瑞宝章および金二百十円を授賜さる。昭和6年ないし9年事変従軍記章授与（賞勲局）
	7月2日	まで航空勤務（霞空）。より航空勤務（館空）。補館山海軍航空隊付
昭和10年	10月15日	補「加賀」乗り組み（連合艦隊）
	10月19日	まで航空勤務（館空）
	12月1日	賜一級俸
	12月25日	結婚願い（11年2月15日認許）
昭和11年	4月13日	福岡湾発、青島。外国鎮戍（「加賀」）
	4月22日	寺島水道帰着
	8月4日	馬公発、厦門。外国鎮戍（「加賀」）
	8月6日	高雄帰着

	2月24日	国際連盟、日本軍の満州撤退勧告案を採択
	3月4日	F・D・ルーズヴェルト大統領就任
	3月27日	国際連盟脱退
昭和9年	11月20日	陸軍青年将校のクーデター計画摘発（士官学校事件）
	12月29日	ワシントン海軍軍縮条約廃棄を通告
昭和10年	8月12日	永田軍務局長刺殺事件
昭和11年	1月15日	ロンドン軍縮条約脱退
	2月26日	二・二六事件
	3月9日	広田内閣成立、永野海相
	11月25日	日独防共協定

	11月15日	退艦
	11月16日	補霞ヶ浦海軍航空隊分隊長兼教官
	11月24日～昭和12年12月2日	航空勤務（霞空）
昭和11年	12月1日	任海軍大尉（内閣）
	12月28日	叙正七位（賞勲局）
昭和12年	12月1日	補第十三航空隊分隊長
	12月4日	長崎発、上海着。戦地戦務（十三空）
	12月12日	パネー号誤爆事件おこる
昭和13年	3月22日	補第十二航空隊分隊長
	3月28日	まで戦地勤務（十三空）
	4月30日	支那方面艦隊司令長官及川古志郎より第二連合航空隊へ感状を授与さる
	8月13日	叙勲五等授瑞宝章
	12月1日	賜二級俸
	12月15日	補「赤城」分隊長
	12月15日～昭和14年1月29日	支那事変戦地外勤務（「赤城」）
昭和14年	1月30日	佐世保発、南支方面
	2月19日	高雄帰着
	3月22日	有明湾発、南支方面

昭和12年	2月2日	林内閣成立、米内海相
	6月4日	近衛内閣成立、米内海相
	7月7日	日支事変（盧溝橋）起こる
	8月13日	第二次上海事件起こる
	12月12日	「レディバード号」事件
	12月13日	南京陥落
昭和13年	7月15日	張鼓峰事件
	9月30日	欧州ミュンヘン協定成立
昭和14年	1月5日	平沼内閣成立、米内海相
	5月11日	ノモンハン事件
	8月23日	独ソ不可侵条約締結

	4月2日	佐世保帰着
	10月15日	海軍練習航空隊特修科学生仰せつけらる
	12月1日	賜一級俸
昭和15年	4月29日	支那事変における功により功五級金鵄勲章勲四等旭日小綬章および金二千五百円を授け賜う。支那事変従軍記章授与（賞勲局）
	6月1日	補大村海軍航空隊分隊長
	11月15日	補横須賀海軍航空隊分隊長兼教官
昭和16年	3月10日	兼補「翔鶴」艤装員
	4月17日	免兼「翔鶴」艤装員兼補「翔鶴」乗り組み
	8月25日	補「龍驤」飛行隊長
	9月1日	兼補「龍驤」分隊長
	9月27日	臨時「赤城」飛行隊長兼分隊長
	9月27日	「赤城」艦長長谷川大佐の部下に属す（大尉。第三飛行隊長）
	9月27日〜11月17日	対事変内地待機（第一航空艦隊第一航空戦隊）
	11月1日	叙従六位
	12月8日	ハワイ攻撃に雷撃隊総指揮官として参加

	8月30日	阿部内閣、吉田海相
	9月1日	独軍、ポーランド侵入（第二次大戦はじまる）
昭和15年	1月16日	米内内閣成立、吉田海相
	1月26日	日米通商条約失効
	3月30日	汪兆銘政権樹立
	7月22日	近衛第二次内閣成立、吉田海相、ついで及川海相
	9月23日	日本軍、北部仏印進駐
	9月27日	日独伊三国同盟調印
昭和16年	4月13日	日ソ中立条約調印
	6月22日	独軍、ソ連に侵入
	7月18日	近衛第三次内閣成立
	7月25日	米、加、日本の資産凍結
	7月28日	日本軍、南部仏印進駐
	10月8日	米・英・蘭対日全面禁油
	10月18日	東條内閣成立、嶋田海相
	11月26日	ハル国務長官対日最後通牒
	12月1日	御前会議、対米英蘭開戦を決定
	12月8日	対米英に宣戦布告
	12月10日	マレー沖海戦

12月30日	免兼職
12月25日〜昭和17年1月7日	対戦争内地待機（第一航空艦隊第一航空戦隊「赤城」第三飛行隊長）
昭和17年1月8日〜1月31日	「ビスマルク」諸島方面攻略作戦に従事
2月1日〜2月7日	「マーシャル」諸島方面作戦に従事
2月8日〜2月21日	「ポートダーウィン」方面攻撃作戦に従事
2月22日〜3月11日	印度洋（「ジャバ」南方海面）方面攻撃作戦に従事
3月12日〜4月22日	印度洋（セイロン島）方面攻撃作戦に従事
4月15日	連合艦隊司令長官山本五十六よりハワイ海戦参加部隊へ感状を授与さる
4月27日	「赤城」艦長長谷川大佐転任。新艦長青木大佐の部下に属す
4月23日〜5月26日	対戦争内地待機（第一航空艦隊第一航空戦隊）
5月27日〜6月14日	「ミッドウェー」方面攻撃作戦に従事
6月15日〜6月30日	対戦争内地待機

12月11日	独伊、対米宣戦布告
昭和17年1月1日	二十六ヵ国反枢軸共同宣言調印
1月3日	マニラ占領
2月1日	衣料切符制実施
2月6日	米英連合参謀本部設置
2月7日	米英連合軍需品配給部設置
2月15日	シンガポール占領
2月23日	英米相互援助協定
2月27日	スラバヤ沖海戦
3月7日	戦争指導大綱決定（大本営政府連絡会議）
3月9日	蘭印軍降伏、ジャワ占領
3月17日	マッカーサー比島脱出豪州着
3月30日	米英豪中ワシントン軍事会議
4月18日	米機、日本本土空襲
4月19日	マッカーサー、南西太平洋反枢軸軍司令官に就任
5月7日	コレヒドール占領、サンゴ海海戦
5月26日	英ソ相互援助条約
6月5日	ミッドウェー海戦

6月20日	補「翔鶴」飛行隊長
6月24日	「翔鶴」艦長有馬正文大佐の部下に属す。「翔鶴」艦攻操縦員第一中隊第一小隊一番機
8月15日	機動部隊予備隊として修理整備訓練に従事（大東亜戦争内地待機）
8月16日〜9月5日	機密機動部隊命令作第四二号により「ガ」号作戦（ガダルカナル奪回作戦）に従事（8月16日「ガ」号作戦支援部隊機動部隊に編入）
8月24日	第二次ソロモン海戦
8月28日〜9月4日	第十一航空艦隊に協力のため、f^{c}×15 f^{o}×2を「ガ」島基地に派遣し、作戦に関し第二十六航戦司令官の指揮を承けしむ
9月10日〜9月23日	機密機動部隊命令作第四四号により「ガ」号作戦に従事
10月11日〜10月28日	機密機動部隊命令作第四五号により「ガ」号作戦に従事
10月15日	敵巡洋艦撃沈
10月26日	南太平洋海戦に参加、敵空母に雷撃、自爆戦死。任海軍大佐（内閣）。叙従五位（宮内省）。職務勉励につき特に金二千七十五円を賞賜す。（海軍省）

6月11日	米ソ相互援助条約
6月20日	米英首脳会談（ワシントン）
6月25日	独軍、エジプト進攻
8月7日	米軍、ガダルカナル上陸
8月12日	英ソ首脳会談（モスクワ）
9月1日	東郷外相辞任（9月17日。後任、谷正之）
9月15日	独軍、スターリングラード市内突入
10月26日	南太平洋海戦
11月1日	大東亜省設置（拓務省廃止）
11月8日	連合軍、北アフリカ進攻
11月20日	スターリングラードのソ連軍反攻
12月31日	大本営、ガダルカナル撤退を決定

昭和18年11月20日	海軍大佐村田重治の戦死にあたり、その殊勲を認め、連合艦隊司令長官古賀峯一大将より全軍に布告さる	昭和18年2月7日　ガダルカナルの日本軍撤退完了 4月18日　連合艦隊司令長官山本五十六戦死 5月29日　アッツ玉砕 7月29日　キスカ撤退 9月8日　イタリア無条件降伏 11月21日　米軍、ギルバート諸島に来攻 11月25日　マキン・タラワ両島守備隊全滅
昭和19年2月14日	海軍省公表により村田重治をはじめとする十名のものに対する二階級進級ならびに殊勲甲叙賜の恩命に浴したる発表あり	昭和19年2月1日　米軍、マーシャル諸島に来攻 6月19日　マリアナ沖海戦 7月7日　サイパン島守備隊玉砕 7月18日　東條内閣総辞職 7月22日　小磯・米内内閣成立 10月20日　米軍、レイテ上陸 10月23日～26日　比島沖海戦
2月15日	全国の新聞紙上にて発表、報道さる	
5月6日	佐世保鎮守府にて海軍公葬執行せられ村田重治の遺骨、同日午後八時、帰宅す	
5月27日	故海軍大佐村田重治の墓碑完成す	
6月2日	島原市第二国民学校にて、午後二時より島原市葬が執行せらる。同日、晴雲寺、村田家墓地に埋葬	

昭和20年4月24日	靖国神社において、招魂式および合祀とり行なわる。番号は、「七五二」なり
昭和20年2月19日 3月10日 4月7日 5月7日 6月21日 8月6日 8月8日 8月9日 8月10日 8月15日 8月17日 8月30日 9月2日	米軍、硫黄島に来攻 米軍機の東京大空襲 鈴木内閣成立、米内海相 ドイツ無条件降伏 沖縄戦終了 米軍、広島に原爆投下 ソ連、対日宣戦布告 長崎に原爆投下 ポツダム宣言受諾の聖断 鈴木内閣総辞職 東久邇内閣成立 マッカーサー、厚木進駐 日本代表降伏文書に調印

単行本　昭和五十九年十二月「海軍魂」
文庫本　平成八年七月「海軍魂」
平成二十八年一月　改題「雷撃王 村田重治の生涯」潮書房光人社刊

NF文庫

雷撃王 村田重治の生涯

二〇一六年一月十五日 印刷
二〇一六年一月二十一日 発行

著 者 山本悌一朗
発行者 高城直一
発行所 株式会社潮書房光人社
〒102-0073 東京都千代田区九段北一-九-十一
振替／〇〇一七〇-六-五四六九三
電話／〇三-三二六五-一八六四㈹
印刷所 慶昌堂印刷株式会社
製本所 東京美術紙工

定価はカバーに表示してあります
乱丁・落丁のものはお取りかえ致します。本文は中性紙を使用

ISBN978-4-7698-2929-4 C0195
http://www.kojinsha.co.jp

NF文庫

刊行のことば

第二次世界大戦の戦火が熄《や》んで五〇年——その間、小社は夥しい数の戦争の記録を渉猟し、発掘し、常に公正なる立場を貫いて書誌とし、大方の絶讃を博して今日に及ぶが、その源は、散華された世代への熱き思い入れであり、同時に、その記録を誌して平和の礎とし、後世に伝えんとするにある。

小社の出版物は、戦記、伝記、文学、エッセイ、写真集、その他、すでに一、〇〇〇点を越え、加えて戦後五〇年になんなんとするを契機として、「光人社NF（ノンフィクション）文庫」を創刊して、読者諸賢の熱烈要望におこたえする次第である。人生のバイブルとして、心弱きときの活性の糧《かて》として、散華の世代からの感動の肉声に、あなたもぜひ、耳を傾けて下さい。